Schriften

des

Vereins für Socialpolitik.

129. Band. Siebenter Teil.

Gemeindebetriebe.

Neuere Versuche und Erfahrungen über die Ausdehnung der kommunalen Tätigkeit in Deutschland und im Ausland.

Zweiter Band.

Siebenter Teil.

Leipzig,
Verlag von Duncker & Humblot.
1909.

Die Gemeindebetriebe der Stadt Leipzig.

Von

Paul Weigel,
Stadtamtmann in Leipzig.

Der Gemeindebetriebe zweiter Band. Siebenter Teil.

Im Auftrag des Vereins für Socialpolitik
herausgegeben von
Carl Johannes Fuchs.

Leipzig,
Verlag von Duncker & Humblot.
1909.

Inhaltsverzeichnis.

Erstes Kapitel.

Die äußere Geschichte der städtischen Betriebe und die allgemeine Stellung der Stadtverwaltung zur Frage der städtischen Regie.

Städtische gewerbliche Betriebe in dem hier in Frage kommenden Sinne gab es in Leipzig schon im frühen Mittelalter. Die Stadt Leipzig besaß schon damals bedeutende Ländereien in der näheren und weiteren Umgebung der Stadt, große Güter und Waldungen, und sie zog aus diesem Grundbesitz Einkünfte durch Verpachtung und Vermietung. Und auch im Weichbilde der Stadt selbst wurden städtische Grundstücke, die für die eigentlichen Verwaltungszwecke nicht gebraucht wurden, vermietet. Hierzu kamen die Einkünfte an Platz- und Standgeldern für die Benutzung der Straßen und Plätze bei Märkten, die in Leipzig von jeher höher waren als in anderen Städten, weil solche Gebühren nicht bloß bei Gelegenheit der allerorten üblichen Wochen- und Jahrmärkte erhoben wurden, sondern vor allem bei den wochenlang dauernden, schon im Mittelalter weltbekannten Messen.

Aber auch abgesehen von dieser Verwertung des städtischen Grundbesitzes hatte die Stadt Leipzig schon frühzeitig gewerbliche Betriebe. Einer dieser Betriebe hing ebenfalls mit den bereits erwähnten Messen zusammen. Der Bedarf an Verkaufsbuden während dieser Messen war so groß, daß er von privater Seite nicht gedeckt werden konnte. Deshalb schaffte die Stadt die Meßbuden zum größten Teile aus eigenen Mitteln an, stellte sie während der Messen auf und vermietete sie an die Kaufleute. Ein anderer solcher Gewerbebetrieb war wenigstens zum Teil auf die Messen zurückzuführen, nämlich der Betrieb öffentlicher Wagen. Der Handel bedurfte solcher Wagen, und diesem Bedürfnisse vermochte nur die Stadt gerecht zu werden, da ihr nach den damaligen Gesetzen allein das Recht zur Aufstellung und zum Betriebe öffentlicher Wagen zustand.

Ferner hatte die Stadt Leipzig, wie das ja auch in anderen Städten der Fall war, schon frühzeitig einen eigenen Marstall, in dem die nötigen Pferde und Geschirre für die städtischen Fuhren gehalten wurden und der wohl auch gelegentlich private Fuhren gegen Bezahlung übernahm. Die Marstallverwaltung hatte auch die Reinigung der städtischen Schleusen, die Unterhaltung der städtischen Straßen und die Reinigung und Besprengung der Straßen in gewissem Umfange von jeher mit zu besorgen, und weiter unterstand ihr der Betrieb städtischer Sandgruben und eines städtischen Steinbruchs.

Die Stadt Leipzig hatte ferner schon im Mittelalter eine städtische Wasserversorgung und eine städtische öffentliche Beleuchtung. Im 16. Jahrhundert bereits wurden an einem der Flußläufe in der Stadt große durch Wasserkräfte betriebene Schöpfräder angelegt, die dem Flusse das nötige Wasser entnahmen und besonders angelegten Röhrenfahrten zuführten, durch die es nach Laufbrunnen geleitet wurde, die in den Höfen der einzelnen Grundstücke aufgestellt waren.

Die öffentliche Beleuchtungsanlage wurde im Jahre 1701 in Betrieb gesetzt. Sie bestand aus fast 700 Öllaternen, die von der Stadt aufgestellt und auch von ihr unterhalten und bedient wurden.

Daß irgend welche Bedenken gegen diese wirtschaftliche Tätigkeit der Stadt erhoben worden seien, ist nicht festzustellen. Es haben aber wahrscheinlich solche Bedenken auch nicht bestanden. Daß die Stadt flüssige Barmittel in Grundstücken sicher anlegte und diese Grundstücke durch Verpachtung und Vermietung für die Allgemeinheit nutzbar machte, erschien zweifellos selbstverständlich. Im übrigen aber wurden wohl weder durch diese Verwertung des städtischen Grundbesitzes noch durch die sonstige gewerbliche Tätigkeit der Stadt irgend welche private Erwerbsinteressen berührt. Soweit es sich dabei überhaupt um Betriebe handelte, die auch Private hätten unternehmen können, waren solche Unternehmer offenbar nicht vorhanden.

Auch als die Stadt Leipzig im Jahre 1826 an die Errichtung eines Leihhauses und einer Sparkasse ging, wurden dagegen Bedenken nicht erhoben. Es handelte sich dabei nach der Auffassung jener Zeit überhaupt nicht um gewerbliche Unternehmungen, sondern lediglich um Wohlfahrtseinrichtungen, die von der Stadt geschaffen werden mußten und nur von ihr geschaffen werden konnten. Denn das, was den Privaten zu solchen Unternehmen hätte anreizen können, hoher Erwerb aus dem Geschäfte, sollte nach der Absicht der Stadt und der sonst in Frage kommenden Instanzen durch beide Anstalten gerade ausgeschlossen werden.

Die Frage, ob städtischer Betrieb oder Betrieb durch Private vorzuziehen sei, wurde für die Stadt Leipzig zum ersten Male praktisch im Jahre 1835, als eine Gasanstalt errichtet werden sollte. Damals wollte ein Kapitalist eine Erwerbsgesellschaft zum Zwecke der Errichtung einer Gasanstalt gründen und suchte bei der Stadt um die Erlaubnis dazu nach, doch entschloß sich der Rat damals, die Gasanstalt aus Stadtmitteln zu errichten und sie auf städtische Kosten zu betreiben. Zur Begründung bezog man sich auf das Gutachten, das ein Ratsmitglied abgegeben hatte, und das wie folgt lautete:

„Aktiengesellschaften wirken nur dann sehr wohltätig, wenn es in ihrem Interesse liegt, immer weiter vorzuschreiten und ihre Unternehmen zu vervollkommnen. So ist es z. B. einer Eisenbahngesellschaft von der größten Wichtigkeit, durch immer größere Schnelligkeit und Wohlfeilheit das Publikum an sich zu ziehen. Eine Gaserleuchtungsgesellschaft würde zwar auch alles anwenden, um die Benutzung des Gases von Privatleuten möglichst zu steigern. Allein mit dem Rate hätte sie einen Kontrakt abgeschlossen, die Entfernung der Lampen, die Größe der Flammen und die Summe würden bestimmt sein und vom Anfang bis zum Ende des Kontraktes dieselben bleiben, obgleich durch vermehrten Absatz an Privatleute das Gas der Gesellschaft immer wohlfeiler zu stehen kömmt. Eine Vervollkommnung der Anstalt würde also der Stadterleuchtung nie eine Verbesserung verschaffen. Wenn dagegen die Stadt selbst die Sache unternimmt, so kann sie, sowie durch größeren Absatz die Erzeugungskosten des Gases sich verringern, in demselben Grade ihre Erleuchtung verbessern, ohne dem Tilgungsfonds Schaden zu tun. Endlich müssen auch beim Legen der Röhren wegen unseren Wasserrohren, Schleusen und Pflaster mehr oder weniger Kollisionen entstehen, daher ich mich dafür aussprechen muß, daß die Gaserleuchtung vom Rate selbst unternommen werde, wenn die Stadt mehren Vorteil daran haben soll."

Der Rat und ebenso die Stadtverordneten, die der Vorlage des Rates zustimmten, bekannten sich also damals im allgemeinen schon zu den Grundsätzen, die von der modernen Kommunalpolitik wohl einhellig als richtig anerkannt werden, und dasselbe geschah, als in den 40 er Jahren des vorigen Jahrhunderts die Frage der Errichtung eines Lagerhofes an die Stadt herantrat. Damals führten die Stadtverordneten aus, daß sie sich für Überlassung der Errichtung an eine Aktiengesellschaft oder einen sonstigen privaten Unternehmer nicht hätten entschließen können, denn die Einrichtung eines Lagerhofes fordere das Gemeinwohl der Stadt. Dieser Zweck werde aber nur dann voll und ganz erreicht, wenn sich die Stadt selbst an die Spitze des Unternehmens stelle, da sie eben über Privatinteressen sich erheben könne und weit weniger den Gesichtspunkt des allgemeinen Vorteils aus dem Auge verlieren werde als eine private Gesellschaft, die, wenn sie den Bau unternehme, jedenfalls zunächst ihren Vorteil verfolge.

Der Rat schloß sich dem an und so wurde im Jahre 1850 ein städtischer Lagerhof errichtet.

Diesen prinzipiellen Standpunkt behielt der Rat auch bei, als gegen Ende der 50er Jahre die Notwendigkeit an die Stadt herantrat, die aus dem Mittelalter übernommene Wasserleitung durch ein modernes Wasserwerk zu ersetzen. Die Stadtverordneten erklärten damals wiederholt, daß nach ihrer einstimmigen Überzeugung die Ausführung dieser Wasserleitung unter allen Umständen nicht durch die Stadtgemeinde erfolgen dürfe, vielmehr unbedingt der Privatindustrie unter entsprechender Beteiligung der Stadtkasse oder unter angemessener Zinsengarantie zu überlassen sei. Dazu schrieb aber der Rat am 15. Mai 1862:

„Wir bemerken zunächst, daß die neuere Zeit dem Grundsatz vorwiegend Geltung beilegt, daß eine Gemeinde der Spekulation in industriellen Unternehmungen sich enthalten und diese vielmehr der Privatindustrie überlassen werden sollen. Dieser Satz, an sich gewiß richtig, hat auch Anwendung auf die Herstellung von Wasserleitungen finden sollen, und ist demgemäß die bestimmte Ansicht selbst von unserer Gemeindeverwaltung klar angedeutet worden, daß man zwar für Leipzig eine Wasserleitung haben, deren Anlegung und Verwaltung aber Privaten überlassen wissen wolle. Diese Andeutungen reichen aber aus, um die nähere Beleuchtung des Für und Wider der gedachten Ansichten notwendig zu machen.

Zuförderst möchten sich einige Zweifel dagegen kaum unterdrücken lassen, daß öffentliche, dem allgemeinen Besten gewidmete Anlagen, wie also eine Wasserleitung, überhaupt als solche Unternehmungen bezeichnet werden dürfen, welche für eine Gemeindeverwaltung nicht geeignet, der Privatindustrie und deren Spekulationen zu überlassen seien. Denn wenn letztere selbstredend den möglichst größten Nutzen aus ihren Unternehmungen zu ziehen suchen muß, so scheint es mit dem Begriff einer gemeinnützigen Anlage kaum vereinbar zu sein, daß diese zur Erzielung eines möglichst hohen Gewinnes ausgebeutet werden dürfe. Und wenn dem eingehalten wird, daß auch da, wo solche gemeinnützige Anstalten in der Hand der Gemeindeverwaltung liegen, die daraus zu ziehenden Nutzungen, wenn eine höhere als die übliche Verzinsung und Amortisationstantieme daraus gewonnen werden kann, nicht auf dieses notwendige Maß beschränkt zu werden pflegen, vielmehr auch hier auf eine höhere Rente hingearbeitet werde, so darf, selbst dies zugegeben, doch nicht außer Betracht bleiben, daß der höhere Gewinn dem allgemeinen Besten wieder zugute kommt und nicht einem Einzelnen oder Wenigen anheim fällt.

Schwerer indessen als dieser rein grundsätzliche, ja, man möchte fast sagen, als dieser rein theoretische Gesichtspunkt dürften die das öffentliche Verwaltungsinteresse berührenden Rücksichten bei der Entscheidung dieser Frage wiegen. Diese Rücksichten sind allgemein administrativer und speziell finanzieller Natur.

Den ersteren, den allgemeinen administrativen Rücksichten, dürften die vielfachen Kollisionen beizuzählen sein, in welche die Verwaltung einer Privatwasserleitung mit der allgemeinen öffentlichen Verwaltung namentlich der Straßenpolizei notwendig geraten muß; denn soll den Anforderungen an die Wasserleitungen allenthalben genügt werden, dann wird sehr häufig dem allgemeinen Verkehre, der Erhaltung der Straßen insbesondere des Pflasters gegenüber völlig rücksichtslos verfahren werden müssen, und nur dann werden die hieraus entstehenden Übelstände einigermaßen ausgeglichen werden können, wenn beide Interessen, die des allgemeinen Verkehrs und die der Wasserleitung im besonderen unter derselben obersten Leitung stehen, denn weder durch Kontrakte noch sonstige Vorsichtsmaßregeln wird es möglich werden, die Leiter des der Öffentlichkeit dienenden Privatunternehmens in die richtigen Grenzen zu verweisen. Mit einem Worte, die allgemeine öffentliche Verwaltung hört auf, Herr im eigenen Hause zu sein, sobald sie in demselben für so wichtige Unternehmungen wie Wasserleitungen, Gasanstalten und dergleichen der Privatindustrie das Terrain räumt.

Weist nun schon diese Rücksicht darauf hin, daß dergleichen der Allgemeinheit dienende Unternehmungen auch der allgemeinen Gemeindeverwaltung vorbehalten bleiben müssen, so wird noch ein anderer, hiergegen oft gehörter Einwand zu erledigen sein. Das ist der, daß die Privatindustrie bei derartigen Unternehmungen besser und billiger zu produzieren und zu verwalten vermöge als die allgemeine öffentliche Administration. Dieser Einwand enthält zweifelsohne viel Wahres, denn die weitläufigen, schwerfälligen Formen, mit denen die allgemeine Administration notwendig umkleidet werden muß, treten der leichteren und ergiebigeren Industrie oft hemmend in den Weg. Dessen ungeachtet würde auch hier die nötige Abhilfe zu beschaffen sein, wenn man sich entschließen könnte, solchem Zubehör der öffentlichen Verwaltung eine größere Selbstständigkeit und Freiheit als sonst üblich zu verleihen. Speziell bei den Wasserleitungen ist aber noch zu erwähnen, daß das zu liefernde Produkt, das Wasser, dasselbe bleiben muß, mag die Wasseranstalt in öffentlicher oder in Privathand sein, denn diese produziert überhaupt nicht, sondern vermittelt nur den leichteren Verbrauch des Produktes der schaffenden Natur. So ist aber der Satz, daß die Privatindustrie besser und billiger produziere als die öffentliche, ein Satz, der bei den Gasanstalten und anderen industriellen Unternehmungen wahr sein kann, wennschon nicht wahr sein muß, auf die Wasserleitungen mindestens nicht anwendbar."

Wenn trotzdem der Rat dazu kam, den Stadtverordneten die Übertragung der Anlage auf eine Privatgesellschaft vorzuschlagen, so geschah das nur deshalb, weil die finanziellen Aussichten des Unternehmens sehr fraglich erschienen und er deshalb der Stadt das Risiko nicht aufbürden wollte; auch glaubte er, daß es möglich sein werde, durch geeignete scharfe Vertragsbestimmung die Interessen der öffentlichen Verwaltung gegenüber den Erwerbsinteressen des Unternehmers genügend sicher stellen zu können. Die Stadt sollte sich nur mit einem Viertel des aufzubringenden Kapitals beteiligen und solange auf die Verzinsung des Kapitals verzichten, als die Aktionäre nicht mindestens 4% für ihre Kapitaleinlage erhielten. Die Stadtverordneten gingen noch weiter und beschlossen, daß auch das vom Rate ausgearbeitete Projekt außer acht gelassen und eine allgemeine Ausschreibung wegen der Wasserversorgung der Stadt veranstaltet werden solle. Das geschah dann auch. Es meldeten sich darauf aber nur verschwindend wenige, die bereit waren, die Wasserversorgung der Stadt Leipzig einzurichten, von denen zudem überhaupt nur zwei annehmbare Gebote einreichten, die im wesentlichen mit dem vom Rate ausgearbeiteten Plane übereinstimmten. Auch diese zwei Unternehmer waren aber nur dazu bereit, für Rechnung der Stadt die Anlage auszuführen. Auch eine Aktiengesellschaft war nicht zusammenzubringen. So wurde denn schließlich der Bau auf Stadtkosten beschlossen und die Ausführung zwei englischen Ingenieuren übertragen.

Der regiefeindliche Standpunkt, den hier zunächst die Stadtverordneten hauptsächlich vertraten, ist dann später, als neue große Aufgaben an die Stadtgemeinde herantraten, mehr und mehr zur Geltung gekommen. Die Gründe, die man gegen die städtische Regie anführte, waren dieselben, mit denen sich der Rat in dem mitgeteilten Schreiben schon auseinandergesetzt hatte und die ja, wie bekannt, gleich oder ähnlich überall von Regiegegnern immer wieder vorgebracht worden sind.

Vor allem also wurde gesagt, daß die Stadt nicht in der Lage sei, wirtschaftliche Tätigkeit in derselben vollkommenen Weise auszuüben, wie das Private könnten. Sie sei in ihren Entschließungen zu schwerfällig und könne deshalb die Konjunkturen nicht genügend ausnützen. Und auch sonst sei ihr Betrieb teurer als ein privater. Nur das Erwerbsinteresse könne eben die Beamten und Angestellten zur Entfaltung ihrer höchsten Kräfte anspornen, und deshalb seien städtische Betriebe auch in technischer Beziehung selten auf der Höhe der Zeit. Wenn es sich um größere Unternehmungen handelte, wurde auch regelmäßig darauf hingewiesen, daß die Stadt ein bedeutendes finanzielles Risiko nicht übernehmen könne, da sie Vermögen der Allgemeinheit verwalte. Einmal wurde sogar die Vermutung ausgesprochen, daß die Stadt vielleicht nicht in der Lage sein werde, die nötigen Mittel aufzubringen, weil die Aufsichtsbehörde möglicherweise die Genehmigung zur Aufnahme einer Anleihe nicht geben werde.

Es ist aber nicht zweifelhaft, daß auch in Leipzig diese Gründe nicht allein ausschlaggebend waren bei der Entscheidung der Frage, ob Regie oder Vergebung vorzuziehen sei, daß vielmehr auch hier noch andere Erwägungen eine wichtige, wenn nicht die wichtigste Rolle gespielt haben. Wiederholt ist bei den Stadtverordneten darauf hingewiesen worden, daß die Stadt Rücksichten zu nehmen habe auf die Unternehmer, denen durch die eigene Regie der Verdienst geschmälert werde, und daß die Stadt ihren Bürgern und Steuerzahlern nur dann Konkurrenz machen dürfe, wenn es gar nicht anders gehe. Um nur ein Beispiel anzuführen, sei auf die Verhandlungen verwiesen, die im Jahre 1892 bei den Stadtverordneten wegen der Erweiterung der Armenbrotbäckerei stattgefunden haben. In dieser Bäckerei wird auf Kosten des Armenamtes das für die Armenpflege nötige Brot in eigener Regie gebacken. Mit der Zeit hatte sie sich als zu klein erwiesen und es sollte deshalb eine Vergrößerung stattfinden, die der Rat beschlossen hatte. Die Stadtverordneten lehnten die Vorlage mit großer Mehrheit ab, obwohl sie anerkennen mußten, daß die Armenbrotbäckerei durchaus günstig gearbeitet habe, daß das Brot, das sie liefere, besser sei als das, was von vielen privaten Bäckereien geliefert werde, und daß die Herstellung für die Stadt billiger gewesen sei. Man führte aus, der Rat habe wichtigeres zu tun, als sich mit größeren gewerblichen Unternehmungen zu befassen. Brot durch Selbstregie zu beschaffen sei für die Stadt nicht richtig, sie dürfe dem Gewerbe keine Konkurrenz machen, müsse vielmehr Gewerbetreibenden Gelegenheit zum Verdienste geben.

Man sah also in der eigenen Regie eine unberechtigte Beeinträchtigung privater Erwerbsinteressen, und deshalb war man dagegen. Wurde eine solche Beeinträchtigung im einzelnen Falle nicht befürchtet, oder vermochten sich die speziellen Interessenten nicht genügend Gehör zu verschaffen, so waren jene prinzipiellen Bedenken gegen die städtische Regie kein Hindernis, ihr doch zuzustimmen.

So ist es gekommen, daß in den letzten Jahrzehnten des 19. Jahrhunderts in der Entwicklung der städtischen Regie in Leipzig gegen früher eine gewisse Stagnation eingetreten ist. Die vorhandenen städtischen Betriebe haben sich zwar auch in dieser Zeit weiter entwickelt und es sind auch neue, zum Teil recht bedeutende städtische Betriebe entstanden, z. B. Ende der 80er und Anfang der 90er Jahre die Markthalle und der städtische Vieh- und Schlachthof mit einer Reihe von Nebenbetrieben. Ferner sind in den 90er Jahren die städtische Kläranlage für Schleusenwässer, die Stadtgärtnerei und die städtischen Brausebäder entstanden, die Stadt hat auch ein Privatbad angekauft und den Betrieb selbst übernommen. Aber wie das Beispiel der Armenbrotbäckerei beweist, konnten sich andere städtische Betriebe nicht den Bedürfnissen entsprechend weiter entwickeln, und in zahlreichen Fällen kam es nicht zur städtischen Regie, obwohl die Möglichkeit dazu vorgelegen hätte. Es wurde z. B. wiederholt angeregt, namentlich von der sozialdemokratischen Partei im Stadtverordnetenkollegium, die ja nach ihrem bekannten kommunalpolitischen Programm für möglichst weite Ausdehnung der städtischen Regie überhaupt eintritt, die Straßenpflasterung in eigener Regie auszuführen. Die Stadt macht jetzt die Pläne zu diesen Pflasterungen, sie liefert das Material und sie überwacht auch die Ausführung der Arbeiten, so daß also der Unternehmer eigentlich nichts anderes zu tun hat, als die Arbeiter anzustellen. Der Rat hatte auch in den 80er Jahren schon Versuche auf diesem Gebiete gemacht, die allerdings finanziell nicht günstig verlaufen waren. Die Anträge wurden aber stets abgelehnt. Ebenso erging es den Anträgen, die wegen Übernahme der gesamten Straßenreinigung in die städtische Regie wiederholt gestellt wurden, ferner Anträgen wegen Errichtung einer eigenen Druckerei, wegen Übernahme des Beerdigungswesens, wegen Ausführung der Rohrlegungsarbeiten bei den Gasanstalten in eigener Regie usw. Vor allem aber wurden zwei Betriebe, die für die städtische Verwaltung ganz außerordentlich wichtig sind, in den 90er Jahren an Aktiengesellschaften vergeben, nämlich das Elektrizitätswerk und die elektrische Straßenbahn.

Die Reaktion gegen diesen absolut regiefeindlichen Standpunkt hat, wie das ja fast überall zu beobachten gewesen ist, auch in Leipzig nicht lange auf sich warten lassen. Gerade beim Elektrizitätswerk und bei den elektrischen Straßenbahnen machte man, wie weiter unten näher auseinandergesetzt werden wird, so üble Erfahrungen mit den Privatunternehmern, daß man sich entschloß, die erste Gelegenheit, die sich zur Übernahme des Elektrizitätswerkes nach dem Vertrage bot, zu benutzen, hier zur städtischen Regie überzugehen. Das geschah am 1. September 1905. Und als sich im Jahre

1907 Gelegenheit bot, die Gasversorgung der Stadt, die, soweit die Ende der 80er und Anfang der 90er Jahre einverleibten Vororte in Frage kamen, zum Teil noch Sache der Thüringer Gasgesellschaft war und jetzt noch ist, auf die Stadt zu übernehmen, ergriff man auch diese Gelegenheit sofort. Man schloß einen Vertrag mit der Gesellschaft, nach dem die drei im Stadtgebiete gelegenen Gasanstalten der Gesellschaft und ein großer Teil des Rohrnetzes der Anstalten bis zum Jahre 1911 in das Eigentum der Stadt Leipzig übergehen. Weiter ist am 1. April 1908 die gesamte Straßenreinigung in städtische Regie übernommen worden, und die städtischen Körperschaften haben beschlossen, eine Einäscherungsanlage, die ein Verein errichten wollte, selbst zu bauen und zu betreiben. Wahrscheinlich würde man auch zur Übernahme der Straßenbahnen kommen, wenn die Übernahmebedingungen, wie ebenfalls weiter unten zu zeigen sein wird, hier nicht allzu ungünstig wären.

In dem Schreiben, das der Rat wegen des Ankaufes der drei Gasanstalten der Thüringer Gasgesellschaft am 26. Juni 1907 an die Stadtverordneten richtete, heißt es:

„Gaswerke, Elektrizitätswerke, Wasserwerke und ähnliche Unternehmungen, die der Befriedigung allgemeiner öffentlicher Bedürfnisse zu dienen haben, gehören nach den heute herrschenden Auffassungen in die Hände der öffentlichen Körperschaften, namentlich also der Gemeinden. Es verträgt sich mit dem öffentlichen Interesse nicht, privaten Unternehmern Einrichtungen dieser Art zur Erzielung von großen Gewinnen auf Kosten der Allgemeinheit zu überlassen. Sind solche Unternehmungen geeignet, Überschüsse abzuwerfen, so sollen diese Überschüsse der Allgemeinheit, durch die sie nur ermöglicht werden, zufließen. Vor allem aber soll der Erwerbsgesichtspunkt nicht derart hervortreten, wie das bei privaten Gesellschaften immer der Fall sein wird und der Fall sein muß. Derartige Einrichtungen sollen stets so eingerichtet und verwaltet werden, daß dem öffentlichen Bedürfnisse am besten genügt wird, was, wie die Erfahrung der letzten Jahrzehnte vielfach gelehrt hat, nur durch die öffentlichen Körperschaften, bei denen Erwerbsabsichten nicht ausschließlich in Betracht kommen, geschehen kann. Die Einwendung, daß nur private Unternehmer überhaupt in der Lage seien, auch solche der Befriedigung öffentlicher Bedürfnisse dienende gewerbliche Anlagen wirklich gut und tüchtig zu betreiben, daß dagegen der Betrieb durch die Organe öffentlicher Körperschaften viel zu schwerfällig sei, um allen Anforderungen des praktischen Lebens gerecht werden zu können, ist durch unzählige Beispiele widerlegt worden. Heutzutage zweifelt kein Unterrichteter ernsthaft daran, daß der Staat und die Gemeinden Eisenbahnen, Elektrizitätswerke, Wasserwerke und Gasanstalten technisch und wirtschaftlich ebenso gut betreiben können wie private Unternehmer. Man weiß im Gegenteil, daß vom Standpunkt der öffentlichen Verwaltung aus betrachtet, in den meisten Fällen einwandfreie Betriebe überhaupt nur erzielt werden können, wenn die Werke von den öffentlichen Körperschaften selbst errichtet und betrieben werden. Es wurde schon hervorgehoben, daß Rücksichten auf den Ertrag dann nicht mehr in erster Linie ausschlaggebend zu sein brauchen. Abgesehen aber davon, fallen dann viele, oft sehr erhebliche Nachteile für die öffentliche Verwaltung, die sich beim Betriebe derartiger Anstalten durch private Unternehmer nicht vermeiden lassen, von selbst fort. Es sei nur daran erinnert, daß alle solche Anlagen in bedeutendem Umfange öffentliches Eigentum, Straßen, Plätze usw., benutzen müssen, und daß diese Unternehmer dabei selbstverständlich stets vor allem ihre eigenen Interessen im Auge haben, Allgemeininteressen aber besonders dann hintenansetzen werden, wenn sie dadurch irgendwelche Aufwendungen ersparen können. Die eingehendsten Vertragsbestimmungen vermögen die Stadtgemeinden in dieser Beziehung nicht zu schützen. Überall, wo private Unternehmungen dieser Art bestehen, sind langwierige Streitigkeiten über den Umfang der Straßenbenutzungsrechte usw. an der Tagesordnung. Auch in Leipzig fehlt es hierfür nicht an Beispielen."

Darnach hat also die Mehrheit des Rates im Jahre 1907 in der Frage der eigenen Regie wieder grundsätzlich auf dem Standpunkt gestanden, den der Rat bei der Errichtung der Gasanstalt, des Lagerhofes und des Wasserwerkes eingenommen hatte. Nicht so sicher ist das bei den Stadtverordneten, obwohl sie ja den Vorlagen des Rates, die hier in Betracht kommen, zugestimmt haben. Aber die Verhandlungen wegen der Übernahme der Thüringer Gasanstalt und wegen der Übernahme des elektrischen Werkes sind nicht öffentlich gewesen, und man kann deshalb nicht wissen, ob die Mehrheit der Stadtverordneten auch mit den prinzipiellen Ausführungen des Rates einverstanden gewesen ist. Fest steht das, wie erwähnt, nur von den Sozialdemokraten, die jedoch nur etwa ein Drittel des Kollegiums ausmachen. Auf der anderen Seite steht aber fest, daß die Rücksicht auf die städtischen Finanzen bei den Beratungen eine große Rolle gespielt hat. In den letzten Jahren sind nämlich die direkten Steuern in Leipzig ständig beträchtlich gestiegen, und wie aus vielen Äußerungen von Stadtverordneten in den letzten Jahren hervorgeht, ist man allgemein der Auffassung, daß die Stadt aus dieser Kalamität nur durch Erhöhung der Einnahmen aus gewerblichen Betrieben herauskommen könne. Und weiter ist sicher, daß viele

Stadtverordnete auch gegenwärtig grundsätzlich noch auf dem Standpunkte stehen, daß die städtische Regie an sich zu vermeiden sei, so lange es gehe.

Es würde also zu weit gehen, wenn man sagen wollte, daß sich die städtischen Kollegien in Leipzig in der Frage der eigenen Regie nun die Anschauung der modernen Kommunalpolitik zu eigen gemacht hätten. Es kann vielmehr nur gesagt werden, daß tatsächlich gegenwärtig die Gemeindevertretung der städtischen Regie freundlich gegenübersteht, daß aber dieser Standpunkt sehr wohl, wenigstens bei den Stadtverordneten, hauptsächlich eine Folge praktischer Erwägungen sein kann. Und deshalb ist es natürlich durchaus nicht ausgeschlossen, daß sich dies über kurz oder lang wieder einmal ändert, umsomehr als ja die städtischen Kollegien in ihrer Zusammensetzung einem ständigen Wechsel unterliegen.

Kurz zusammengefaßt ergibt sich aus den vorstehenden Ausführungen folgendes:

Die anfänglich regiefreundlichen Anschauungen der städtischen Körperschaften wurden seit den 60er Jahren des vorigen Jahrhunderts verdrängt durch die Auffassung, daß die Stadt grundsätzlich keine eigenen Gewerbebetriebe haben dürfe. Die Gründe hierfür lagen zweifellos mit in den üblen Erfahrungen, die man mit den städtischen Betrieben hier und da gemacht hatte. Hauptsächlich waren es aber die manchesterlichen Anschauungen, die sich in jener Zeit überall durchsetzten, die den Umschwung in der Gemeindepolitik herbeiführten. Denn sonst hätte man doch schon damals einsehen müssen, daß die üblen Erfahrungen mit den eigenen Betrieben nicht zum geringsten Teile auf die falsche Organisation zurückzuführen waren, und daß auch städtische Betriebe durchaus günstige Resultate ergeben können, wenn die Verwaltung entsprechend eingerichtet wird. In jüngster Zeit hat man dann jenen vollständig ablehnenden Standpunkt notgedrungen wieder aufgegeben, wobei allerdings zunächst dahingestellt bleiben muß, ob das eine Folge anderer grundsätzlicher Auffassung ist oder ob vorwiegend praktische Erwägungen dafür maßgebend gewesen sind.

Entsprechend diesen Anschauungen der städtischen Körperschaften hat sich die gewerbliche Tätigkeit der Stadt Leipzig bis zum Ende des 19. Jahrhunderts etwas langsamer entwickelt, als das nach der allgemeinen wirtschaftlichen Entwicklung der Zeit möglich gewesen wäre. Trotzdem aber hat der Umfang der Eigenbetriebe ständig zugenommen und in jüngster Zeit ist er sehr beträchtlich geworden. Das zeigen am deutlichsten die folgenden Zusammenstellungen über die Entwicklung der Einwohnerzahlen der Stadt Leipzig und der Zahl der von der Stadt beschäftigten Beamten und Arbeiter.

Jahr	Es betrug			Es kamen auf 1000 Einwohner	
	die auf die Mitte des Jahres berechnete Einwohnerzahl	die Zahl der Beamten rund	die Zahl der Arbeiter rund	Beamte	Arbeiter
1890	357 122	650	1150	1,82	3,22
1895	399 969	1055	1310	2,64	3,28
1900	456 126	1305	1710	2,86	3,75
1905	499 678	1705	2100	3,41	4,20
1907	518 682	1905	2450	3,67	4,72
1908	528 184	1940	2560	3,67	4,85

Hierin sind nicht enthalten die Beamten des städtischen Polizeiamtes, des Johannishospitals und die Lehrer.

Von den Arbeitern sind nicht aufgeführt die Scheuerfrauen und die in den Krankenhäusern und ähnlichen Anstalten Beschäftigten.

Wie viele von den Beamten auf die einzelnen gewerblichen Betriebe kamen, läßt sich nicht allenthalben feststellen, da die Beamten nicht alle ausschließlich einem solchen Betriebe zugeteilt sind und da auch, soweit das der Fall ist, nicht überall eine strenge Scheidung durchgeführt worden ist.

Soweit es sich feststellen läßt, entfielen Beamte auf:

Jahr	die Grundstücksabteilung	die Forstverwaltung	die Straßenreinigung	die Kläranlage	die Gartenverwaltung	die öffentliche Beleuchtung	die chemische Untersuchungsanstalt	die Desinfektionsanstalt	das Wasserwerk	die Gasanstalten	das Elektrizitätswerk	Sparkassen und Leihhaus	die Markthalle und Marktwesen	den Vieh- und Schlachthof	Lagerhof[2] und Wage	die städtischen Bäder	die Stadtkellerei	diese Betriebe zusammen
1890	—	9	2	—	1	9	—	—	43	40	—	36	1	33	10	1	—	185
1895	—	9	2	—	14	9	—	—	59	76	—	50	22	36	7	1	—	285
1900	—	9	2	—	19	14	—	—	71	89	—	70	24	41	8	4	—	351
1905	5	9	16	2	26	16	3	1	75	163[1]	—	76	25	61	7	5	—	490
1907	5	9	17	2	26	16	3	1	80	170	9	78	25	61	6	5	3	516
1908	5	9	17	2	26	16	4	1	78	174	11	78	25	61	—	4	3	514

[1] Die bedeutende Steigerung ist darauf zurückzuführen, daß am 1. Januar 1901 47 Arbeiter der Gasanstalten, wie Ofenmeister, Feuermeister, Poliere, Maschinisten usw. Beamteneigenschaft erhalten haben.

[2] Der Lagerhof ist 1907 aufgelöst worden.

Von den städtischen Arbeitern wurden beschäftigt:

Jahr	vom Hochbauamte	vom Tiefbauamt: in der Bau- und Betriebsabteilung	vom Tiefbauamt: bei der Straßenreinigung	vom Tiefbauamt: in der Kläranlage	in den Waldungen und im Graßdorfer Steinbruch	bei der Gartenverwaltung	bei der öffentl. Beleuchtung	in der Desinfektionsanstalt	beim Wasserwerk	bei den Gasanstalten	beim Elektrizitätswerk	bei Leihhaus und Sparkasse	in der Markthalle	im Vieh- und Schlachthofe	in der Stadtkellerei	zusammen in diesen Betrieben	auf 1000 Einwohner fielen mithin hiervon Arbeiter
1890	—	166	222	—	141	69	118	—	28	318	—	6	—	60	—	1128	3,16
1895	—	167	320	5	141	109	129	—	46	284	—	9	20	66	—	1296	3,24
1900	16	222	427	27	133	162	153	5	21	375	—	8	18	127	—	1694	3,71
1905	31	285	427	81	111	280	193	13	34	413	35	9	18	137	5	2077	4,16
1907	37	413	508	93	117	303	205	18	30	450	52	11	19	147	7	2410	4,65
1908	37	253	761	68	85	292	205	18	59	493	58	13	18	150	6	2516	4,76

Zweites Kapitel.

Die Entwicklung der wichtigsten städtischen Betriebe.

I.

Der städtische Grundbesitz.

Im Jahre 1367 kaufte die Stadt Leipzig 500 Acker Holz in der Nähe der Stadt, hinter Wahren, die Burgaue genannt, 1489 sieben Acker Holz in der Flur Böhlen, 1527 das Rittergut Lindenau mit der dazu gehörenden Mühle. Es folgten 1538 die Dörfer Leutzsch und Barneck, 1543 die säkularisierten Klostergüter Connewitz, Cleuden und Sommerfeld, Anger, Probstheida, Mölkau und Groß-Korlob, 1570 Schloß und Rittergut mit Städtlein Taucha nebst Dewitz, Sehlis, Pröttitz und Plösitz, 1607 das neun Kilometer von der Stadt entfernte Rittergut Cunnersdorf, 1663 das Rosental, ein jetzt in der Stadtflur gelegener Wald von 173,6 ha Grundfläche, 1718 die Rittergüter Portitz, Graßdorf und Cradefeld, 1719 das Gut Thonberg, 1793 das Erb- und Allodialgut Gohlis, endlich 1868 das Rittergut Stötteritz unteren Teiles und 1884 das Rittergut Lößnig. Abgesehen von diesen ländlichen Grundstücken besaß die Stadt Leipzig auch frühzeitig in der Stadt selbst eine Reihe von Grundstücken, die für die eigentlichen Verwaltungszwecke nicht gebraucht wurden.

Über die Gründe, die beim Erwerb dieses Grundbesitzes maßgebend waren, ist nichts näheres bekannt. Wahrscheinlich hat es sich in den meisten Fällen lediglich darum gehandelt, flüssige Geldmittel, die anderweit nicht gebraucht wurden, sicher anzulegen. Zu solch sicherer Anlegung war die Stadtgemeinde nach der Städteordnung vom Jahre 1831 gezwungen, wenn es sich um Teile des sogenannten Stammvermögens handelte, d. h. um Teile des städtischen Vermögens, die beim Inkrafttreten der Städteordnung vorhanden gewesen waren. Dieses Stammvermögen mußte nämlich nach diesem Gesetz unvermindert erhalten bleiben, durfte also nicht verbraucht werden. Da es eine andere Möglichkeit zu sicherer Anlage damals kaum gab, kaufte man demgemäß Grundstücke, wenn flüssige Mittel vorhanden waren. Solche Mittel flossen aber der Stadt mit der Zeit in immer größerem Umfange aus dem Grundbesitze selbst wieder zu. Denn das Gelände, das die Stadt im Laufe der Zeit erworben hatte, verwandelte sich mit der Ausdehnung des Stadtgebietes nach und nach zum großen Teile in Baugelände. Die Stadt kam in die Lage, es mit zum Teil hohem Gewinne wieder zu veräußern und tat dies auch in beträchtlichem Umfange. Der Erlös mußte aber dann wieder sicher angelegt werden, weil er eben an Stelle des veräußerten Geländes Teil des Stammvermögens war. Das geschah wiederum durch Ankauf von Grundstücken, und so ist es gekommen, daß sich der Grundbesitz der Stadt Leipzig ständig vermehrt hat und sich auch jetzt noch ständig vermehrt. Zusammen mit dem Johannishospital, einer Stiftung, die von der Stadt Leipzig verwaltet wird, und die ihr beträchtliches Vermögen ebenfalls in der Hauptsache in Grundbesitz angelegt hat, gehört gegenwärtig der Stadt Leipzig rund die Hälfte der gesamten Stadtfläche. Der Gesamtgrundbesitz der Stadt und des Johannishospitals, also auch der außerhalb des Stadtgebietes, zusammengerechnet ist um fast 500 ha größer, als die gesamte Fläche der Stadt Leipzig, die gegenwärtig rund 5850 ha beträgt.

Es hat nämlich betragen:

Am 1. Jan. des Jahres	der Grundbesitz									
	der Stadt Leipzig				des Johannishospitals				Zusammen	
	in der Stadt		außerhalb		in der Stadt		außerhalb			
	ha	a	ha	a	ha	a	ha	a	ha	a
1905	1874	84,1	1935	56,1	229	0,2	1135	87,0	5175	27,4
1906	1884	76,5	2000	28,0	223	34,4	1211	4,7	5319	43,6
1907	1916	38,7	2061	34,5	233	9,3	1356	91,0	5567	73,5
1908	1931	64,2	2804	76,3	225	6,3	1359	94,9	6321	41,7

In dieser Zusammenstellung sind die Flächen nicht mit enthalten, die nicht vermessen sind und für die keine Grundsteuern bezahlt werden, wie Friedhöfe, Parkanlagen, Straßen usw.

Von dem Gesamtgrundbesitz der Stadt Leipzig waren im Jahre 1907, abgesehen von einigen kleineren Waldflächen, rund 1066 ha forstwirtschaftlich benutzt. Vom Grundbesitz der Stadt Leipzig waren 1110,48 und vom Grundbesitz des Johannishospitals 1002 ha landwirtschaftlich benutzt. Zu diesem landwirtschaftlich benutzten Gelände sind dann im Jahre 1907 bedeutende Neuerwerbungen gekommen. Die Stadt allein hat in den Fluren Canitz, Nischwitz, Thallwitz und Wasewitz in der Nähe von Wurzen, etwa

23 km von der Stadt entfernt, 713 ha landwirtschaftlich benutztes Gelände angekauft, um dort ein neues Wasserwerk zu errichten.

Die Zahl der städtischen Miethäuser hat im Jahre 1907 etwa 140 betragen; genau läßt sich das nicht angeben, weil Zusammenstellungen hierüber nicht veröffentlicht werden, der Bestand auch ständig wechselt.

Über den Wert des Grundbesitzes der Stadt Leipzig lassen sich Angaben, die irgend welchen Anspruch auf Genauigkeit erheben könnten, nicht machen. Es wird ja allerdings jährlich eine Übersicht über das Stadtvermögen veröffentlicht und darin ist natürlich der städtische Grundbesitz mit enthalten. Aber einmal ist in diesen Zusammenstellungen der Wert des Grundbesitzes nicht gesondert aufgeführt (das ist nur zum Teil der Fall), dann geben aber auch diese gesonderten Posten nicht den wahren Wert des Grundbesitzes wieder. Denn es wird in das Vermögensverzeichnis nicht der wirkliche Wert des Grundbesitzes eingesetzt, sondern der Anschaffungswert, und soweit die Ankäufe vor dem Jahre 1831 erfolgt sind, der Wert, der damals schätzungsweise ermittelt worden ist. Zugeschrieben werden dem Werte nur die Summen, die etwa in die Grundstücke hineingebaut werden. Wenn sich also in diesem Verzeichnis für 1907 die folgenden Posten finden,

Konto	der übrigen städtischen Gebäude	16 834 897,92	Mk.
"	der Wiesen, Waldungen, Felder und Plätze innerhalb der Stadtflur	14 402 956,39	"
"	des Klostergutes Connewitz	640 129,94	"
"	des Rittergutes Cunnersdorf mit Panitzsch . .	273 820,47	"
"	des Rittergutes Gohlis	282 970,86	"
"	des Rittergutes Graßdorf mit Cradefeld und Portitz	625 459,16	"
"	des Mühlengutes Gundorf	231 199,72	"
"	des Rittergutes Leutzsch	262 094,86	"
"	des Rittergutes Lindenau	219 975,37	"
"	des vormaligen Hellmuthschen Gutes in Lindenthal	63 075,85	"
"	des Rittergutes Lößnig	1 026 575,38	"
"	des Rittergutes Stötteritz unterer Teil . . .	527 722,57	"
"	des Rittergutes Taucha	432 317,10	"
"	des Rittergutes Thonberg	188 016,64	"
"	der Wiesen, Waldungen, Felder und Plätze außerhalb der Stadtflur	3 498 650,83	"
"	der Güter in der Flur Portitz	436 583,63	"
"	der Güter in der Flur Sommerfeld	401 125,80	"
	Zus.:	40 347 572,49	Mk.

so sind diese Wertesangaben nicht stichhaltig. Es ist wiederholt gesagt worden, daß der Grundbesitz der Stadt Leipzig vielleicht doppelt so viel wert sei, als in dem Verzeichnisse angegeben ist. Unmöglich ist das nicht, da sich viele Grundstücke seit langer Zeit im Besitz der Stadt befinden

Über den Wert des Grundbesitzes des Johannishospitals liegen überhaupt keine Angaben vor.

II.

Betriebe zur Befriedigung eigener Bedürfnisse der Gemeinde und zur Erfüllung von Verpflichtungen, die der Gemeinde aus Gründen der Gesundheitspflege obliegen.

1. Die Regiebetriebe der städtischen Bauämter.

Das städtische Hochbauamt kennt keine eigentlichen Regiebetriebe. Alle Neubauten und sonstigen Anlagen, die dem Hochbauamte unterstehen, werden im Wege der Submission an private Unternehmer vergeben. Dem Hochbauamte liegt meist lediglich die Anfertigung der Pläne ob, doch werden auch diese oft im Wege der Ausschreibung beschafft. Nur kleine Reparaturen in den städtischen Gebäuden läßt das Hochbauamt durch eigene Arbeiter ausführen.

Die Herstellung neuer Straßen, soweit sie nach den Bestimmungen der Ortsbauordnung der Stadt überhaupt obliegt, die Neupflasterung von Straßen, die Neuherstellung und der Umbau von Schleusen, ferner die Unterhaltung der mit Stein und Holz gepflasterten Straßen und der Asphaltstraßen und die Unterhaltung der Schleusen werden ebenfalls an Unternehmer im Wege der Submission vergeben. Natürlich handelt es sich dabei um sehr umfangreiche Arbeiten, für die die Stadt beträchtliche Mittel aufzuwenden hat. Allein für Neuherstellung von Straßen sind nach den Veröffentlichungen im statistischen Jahrbuch deutscher Städte in den Jahren 1900—1906 etwa 8½ Millionen Mark und für Neuherstellung von Schleusen etwa 3¾ Millionen Mark ausgegeben worden. Die Unterhaltung der Straßen, Fußwege und Schleusen hat im Jahre 1907 allein einen Kostenaufwand von rund 450 000 Mk. verursacht.

Es ist deshalb, wie schon erwähnt worden ist, wiederholt angeregt worden, auch für diese Arbeiten eigene Regie einzuführen, da die Stadt dabei sicher ebenso gut fahren werde wie jetzt, wahrscheinlich aber weniger Kosten werde aufzuwenden haben. Denn mindestens werde dann der Unternehmergewinn wegfallen, der bei der Vergebung mitbezahlt werden müsse. Man ist aber bisher bei der Vergebung geblieben. Die Stadt wirtschafte — so sagt man — billiger bei Vergebung als bei Regie, wie auch die Versuche ergeben hätten, die vom Tiefbauamte mit der Herstellung von Straßen in eigener Regie schon gemacht worden seien.

Die hauptsächlichsten Tiefbauten der Stadt werden also ebenso wie die Hochbauten nicht in eigener Regie ausgeführt. Trotzdem bestehen aber beim städtischen Tiefbauamte auch sehr umfangreiche Eigenbetriebe. Der wichtigste davon ist

die Straßenreinigung.

Nach den straßenpolizeilichen Bestimmungen war die Reinigung der Straßen bis zum 1. April 1908 so geregelt, daß die Grundstücksbesitzer die Straßen vor ihren Grundstücken rein zu halten und den Straßenschmutz zusammenzukehren hatten. Die Abfuhr des Schmutzes besorgte die Stadt. Tatsächlich allerdings wurde das seit langer Zeit anders gehandhabt. Nur soweit es sich um mit Steinen gepflasterte Straßen handelte, besorgten nämlich die Grundstücksbesitzer die Straßenreinigung so, wie es vorgeschrieben war. In Makadamstraßen, in Asphaltstraßen und in Holzpflasterstraßen dagegen reinigten sie nur die Fußwege, während die Reinigung der Fahrbahn die Stadt selbst ausführte. Das hatte sich nach und nach so eingebürgert, wohl, weil die Reinigung solcher Straßen mit besonderer Sorgfalt geschehen muß und weil sie besondere Geräte erfordert.

Es liegt auf der Hand, daß bei diesem Verfahren die Straßenreinigung nicht immer den Anforderungen entsprechen konnte, die man im öffentlichen Interesse an sie stellen mußte. Vor allem stellte sich mit der Zeit mehr und mehr die Notwendigkeit heraus, namentlich in der inneren Stadt öfter zu reinigen und womöglich auch die Arbeiten auf die Nachtstunden zu verlegen. Es wurde auch mit der Zeit immer lebhafter die Unbilligkeit empfunden, daß manche Hausbesitzer von der Verpflichtung befreit waren, die andere erfüllen mußten. Schon seit den 70 er Jahren des vorigen Jahrhunderts schwebten deshalb Erörterungen wegen Neuregelung des Straßenreinigungswesens. Die Stadt sollte, das war das Ziel, das man erstrebte, die Straßenreinigung ganz selbst in die Hand nehmen. Es wurde auch eine ganze Reihe von Projekten ausgearbeitet, sie scheiterten aber alle an der Frage der Kostendeckung. Erst im Jahre 1907 ist es zu einer Neuordnung gekommen, die wie gesagt vom 1. April 1908 an eingeführt worden ist. Die gesamte Straßenreinigung ist nunmehr Sache der Stadt, ebenso die Schneebeseitigung, die Straßenbesprengung und das Sandstreuen bei Glätte.

Die Grundstücksbesitzer haben nur noch dafür zu sorgen, daß der lose Schnee vor ihren Grundstücken von den Fußwegen nach den Tagerinnen abgeschoben und daß bei Glätte die Fußwege vor ihren Grundstücken genügend mit Sand bestreut werden, weil nämlich die Besorgung auch dieser Arbeiten durch die Stadt als undurchführbar erschien. Als Entschädigung dafür, daß ihnen die frühere Verpflichtung zur Reinhaltung der Straßen abgenommen worden ist, haben die Grundstücksbesitzer eine besondere Straßenreinigungsabgabe zu bezahlen, die zur Deckung der Kosten mit verwendet wird.

Für die Straßenreinigung besteht beim Tiefbauamte eine besondere „Abteilung für die Straßenreinigung". Dieser Abteilung liegen neben ihrer Hauptaufgabe auch noch einige andere Arbeiten ob, die von jeher mit der Straßenreinigung zusammen besorgt worden sind, zum Beispiel die Reinigung der öffentlichen Bedürfnisanstalten und, was wichtiger ist, die Unterhaltung der makadamisierten und mit Kies beschotterten Wege und Plätze. Endlich ist der Abteilung der Betrieb der städtischen

Sandgruben

unterstellt. Viele der städtischen ländlichen Grundstücke bergen nämlich beträchtliche Sandlager, und aus diesen hat die Stadt seit alters den Sand selbst graben lassen, den sie für ihren eigenen Bedarf braucht. Soweit es möglich war, ist aus den Sandgruben auch an Private Sand abgegeben worden. Gegenwärtig werden drei solcher Gruben von der Stadt betrieben. Die folgenden Zusammenstellungen geben ein Bild von der gesamten Tätigkeit, die sonach die Abteilung für Straßenreinigung seit dem Jahre 1890 entwickelt hat.

Jahr	Gesamte Reinigungsfläche qm	Davon hatte die Stadt zu reinigen qm	Zu besprengen waren qm	Öffentl. Bedürfnisanstalten waren zu reinigen	Zu unterhalten waren: makadamisierte Wege und Plätze qm	Zu unterhalten waren: Kiesfahrbahnen, -plätze, -fußwege, Reit- u. Radfahrwege qm
1890	1 307 242	322 602	2 000 910	31	406 219	439 770
1895	2 343 503	537 760	2 662 339	35	756 004	471 506
1900	2 793 056	1 678 653[1]	2 991 554	78	796 676	420 472
1901	3 790 947	1 726 227	3 209 556	84	778 021	472 421
1902	3 921 657	1 813 795	3 306 592	84	790 659	498 137
1903	4 191 732	1 908 042	3 460 484	82	810 545	442 773
1904	4 357 303	1 978 620	3 589 282	82	832 105	448 911
1905	4 534 663	2 025 273	3 692 785	82	838 183	457 113
1906	4 595 194	2 067 448	3 835 748	83	786 067	485 884
1907	4 678 030	2 105 993	3 986 193	83	861 730	505 977
1908	4 839 175	4 839 175	4 070 282	94	871 191	603 960

[1] Seit dem Jahre 1898 werden hier die Makadamstraßen mit aufgeführt, was früher nicht geschah, da die Reinigung mit zur Unterhaltung gerechnet wurde.

Sandgruben.

Jahr	Anzahl	Sandabgabe an städtische Verwaltung (Fuder)	an Private (Fuder)	zusammen (Fuder)
1890	1	?	?	?
1895	2	6 318	10 511	16 829
1900	2	6 033	2 465	8 498
1901	3	5 298	3 873	9 171
1902	3	4 955	1 741	6 696
1903	3	11 445	3 966	15 411
1904	3	15 182	992	16 174
1905	3	15 808	814	16 622
1906	3	15 601	507	16 108
1907	3	13 012	1 079	14 091
1908	3	14 891	2 266	17 157

Bis zum Jahre 1904 unterstand der Abteilung für Straßenreinigung des Tiefbauamtes auch der städtische

Marstall.

Dieser Marstall hatte von alters her bestanden. Seine Bedeutung war aber im Laufe der Jahre mehr und mehr zurückgegangen, da nicht so viele städtische Fuhren mehr auszuführen waren wie früher und da man auch mehr und mehr dazu überging, private Unternehmer zur Besorgung der Fuhren heranzuziehen. Im Jahre 1895 wurde auch die Bespannung der Spritzen und Mannschaftswagen der Feuerwehr, die bis dahin noch Sache des Marstalls gewesen war, der Feuerwehr selbst überwiesen, so daß dem Marstall tatsächlich nur noch die Fuhren für die Straßenreinigung blieben. Er wurde deshalb zunächst der Straßenreinigungsabteilung unterstellt, am 1. April 1904 aber überhaupt aufgelöst. Die Pferde wurden verkauft, die Geräte übernahm die Straßenreinigungsabteilung. Soweit sie sie nicht brauchen konnte, wurden sie ebenfalls verkauft. Nun werden alle Fuhren, die zur Straßenreinigung, zur Schneebeseitigung und sonst notwendig sind, an private Fuhrwerksbesitzer vergeben.

Das Material für die Straßenbauten, abgesehen von dem nötigen Asphalt und neuerdings den Holzklötzen, wird, wie der Sand, ebenfalls von der Stadt selbst beschafft. Es handelt sich dabei hauptsächlich um die Granitplatten für die Fußwege, die Schlackensteine, bossierten Steine, Bruchsteine usw. Alle diese Materialien werden vom städtischen Tiefbauamte selbst angekauft und den Tiefbauunternehmern, die Arbeiten für die Stadt ausführen, geliefert. Die Bearbeitung und Sortierung geschieht auf den städtischen Bauhöfen durch städtische Arbeiter. Die Pflastersteine, der Klarschlag und ähnliches werden wenigstens zum Teil in einem städtischen

Steinbruch

gewonnen, den die Stadt seit langen Jahren selbst betreibt. Auch dieser Steinbruch gibt, wie die Sandgrube, von seinen Produkten an Private ab, wenn der Bedarf der Stadt gedeckt ist. Endlich ist hier zu erwähnen, daß die Stadt für die Zwecke der Straßenherstellung und Unterhaltung eigene Dampfwalzen besitzt, gegenwärtig 5, die ebenfalls auch für Private Arbeiten übernehmen, wenn sie für die Stadt nicht gebraucht werden.

Ein weiterer wichtiger Eigenbetrieb des Tiefbauamtes ist die

Reinigung der städtischen Schleusen,

die von der Stadt selbst besorgt worden ist, seit überhaupt städtische Schleusen vorhanden sind. Über den Umfang der Arbeiten dieser Abteilung gibt die folgende Zusammenstellung Auskunft:

Jahr	Es wurden gereinigt Schleusen m	Dabei wurde Schlamm ausgehoben und abgefahren cbm
1890	39 643	4413
1895	118 473	5096
1900	118 287	4811
1901	144 330	6683
1902	185 531	7828
1903	210 319	6538
1904	247 816	6950
1905	329 763	6863
1906	310 211	7088
1907	353 506	6767

Endlich untersteht dem Tiefbauamte die

Kläranlage für Schleusenwässer.

Der größte Teil der Schleusenwässer wird, seit in Leipzig die Beschleusung besteht, den Flußläufen zugeführt. Es gibt deren eine ganze Reihe in und um Leipzig, aber keiner davon ist so bedeutend, daß durch die Zuführung der Schmutzwässer nicht Schäden entständen. Deshalb wurden, als sich diese Wassermengen mit der Zunahme der Bevölkerung, insbesondere seit der Einverleibung der Vororte, ständig mehrten, Klagen über die Verunreinigung der Flußläufe laut, und die Stadt sah sich genötigt, der Frage einer Klärung der Schleusenwässer näher zu treten. Da die Einrichtung von Rieselfeldern beim Mangel geeigneten Geländes in der Nähe der Stadt nicht vorteilhaft erschien, wurde im Jahre 1895 beschlossen, zunächst einmal versuchsweise im Nordwesten der Stadt auf der sogenannten Starwiese inmitten der städtischen Waldungen eine Kläranlage für die Schleusenwässer zu errichten. Die Anlage, in der die Wassermengen zunächst mit Kalkmilch, später mit Eisenoxyd- und Eisenchloridlösung geklärt wurden, bis man schließlich zur Anwendung von Eisenoxyd in Eisensulfatlösung übergegangen ist, hat bisher dem vorhandenen Bedürfnisse genügt, so daß gegenwärtig alle Schleusenwässer der Stadt und einer Reihe von Dörfern in der Umgebung, deren Vorflut nach der Stadt geht, durch sie geklärt werden. Doch ist sie als endgültige Anlage noch nicht anzusehen, einmal, weil sie auf die Dauer zu klein sein wird, und dann auch, weil in jüngerer Zeit doch wieder Bedenken gegen die Klärung durch Zusatz von Klärstoffen laut geworden sind. Man hat deshalb umfassende Versuche mit einem anderen Klärsystem, dem sogenannten biologischen, gemacht, die aber noch nicht abgeschlossen sind. Wahrscheinlich wird also die Stadt Leipzig in nicht zu ferner Zeit eine neue Kläranlage bauen müssen, die voraussichtlich weiter flußabwärts zu liegen kommen wird.

Die Ergebnisse der städtischen Kläranlage, die seit dem Jahre 1897 vorliegen, sind aus der folgenden Tabelle zu ersehen:

Jahr	Bevölkerungsziffer der nach der Kläranlage entwässerten Stadtteile (auf die Jahresmitte berechnet)	Geklärt wurden Schleusenwässer cbm	Es wurde Eisenoxyd verbraucht kg	Es wurde Eisenoxyd verbraucht für 1 cbm Wasser g	Betriebskosten Mk.	Betriebskosten für 1 cbm Wasser Pf.	Betriebskosten auf den Kopf i. Jahre Pf.
1897	—	12 081 416	—	—	129 290,28	1,07	—
1898	—	11 663 890	736 015	63,1	202 853,94	1,74	—
1899	432 926	17 862 851	1 057 996	59,2	307 244,81	1,72	70,9
1900	445 950	17 892 369	1 060 743	59,3	339 381,49	1,90	76,1
1901	457 046	18 265 321	1 022 647	56,0	318 486,47	1,74	69,7
1902	468 147	20 603 238	1 296 778	62,9	361 738,96	1,76	77,3
1903	511 542	23 428 065	1 473 863	62,9	384 443,08	1,64	75,2
1904	542 800	22 242 013	1 359 363	61,3	404 987,82	1,82	74,6
1905	544 400	23 683 017	1 289 960	54,5	394 832,19	1,67	72,5
1906	555 400	25 114 847	1 380 990	55,0	439 435,53	1,75	79,1
1907	569 000	23 118 356	1 284 187	55,6	434 943,75	1,88	76,4

2. Die Unterhaltung der öffentlichen Anlagen und die Stadtgärtnerei.

Die Neuherstellung von öffentlichen Anlagen geschah bis in die letzten Jahre des vorigen Jahrhunderts in der Weise, daß größere Erdbewegungsarbeiten vergeben wurden, während dagegen die endgültige gärtnerische Ausgestaltung Sache der Gartenverwaltung war. Die nötigen Pflanzen kaufte die Gartenverwaltung von Privatgärtnern. Von diesem System ist man seit Ende der 90er Jahre abgegangen, weil man der Überzeugung war, daß dabei die Anlagen nicht in einen der Stadt würdigen Zustand zu bringen seien. Insbesondere edlere Pflanzen waren nach der Auffassung der Sachverständigen im Stadtverordnetenkollegium bei diesem System nicht zu beschaffen ohne ganz unverhältnismäßige Kosten. Das sei, so wurde ausgeführt, nur möglich, wenn die Stadt eine eigene Gärtnerei großen Stiles mit dem nötigen geschulten Gärtnerpersonal einrichte und betreibe. Im Jahre 1898 wurde deswegen die Stadtgärtnerei errichtet, die im Jahre 1906 durch Zukauf einer privaten Gärtnerei ganz bedeutend erweitert worden ist. Den größten Teil der für die Anlagen nötigen Pflanzen zieht nun die Gartenverwaltung selbst. Hand in Hand mit der Ausgestaltung der Gärtnerei ist eine Neuorganisation der Gartenverwaltung überhaupt gegangen, die notwendig erschien, wenn etwas wirklich Beachtenswertes geleistet werden sollte. Insbesondere ist das Personal bedeutend vermehrt worden. Der Gartenverwaltung liegt nunmehr die Unterhaltung sämtlicher öffentlicher Anlagen und der Baumanpflanzungen in den Straßen und auf den Plätzen und weiter die Unterhaltung eines Teiles der städtischen Wälder ob. Sie führt auch neue gärtnerische Anlagen in eigener Regie aus. Lediglich die Aufstellung der eisernen Geländer in den Promenaden und die Aufstellung der Promenadenbänke wird noch vergeben. Einen Überblick über die Haupttätigkeit der Gartenverwaltung und ihre Entwicklung geben die folgenden Zusammenstellungen, die die Zahlen enthalten, soweit sie veröffentlicht worden sind. — a) Die Gartenverwaltung hatte zu unterhalten:

Jahr	Ende des Jahres Anlagenfläche qm	Baumbestand an den Straßen usw.	Waldfläche qm	Promenaden-, Radfahr- und Reitwege qm
1900	385 989	12 885	—	?
1901	605 092	15 017	—	?
1902	695 683	15 905	—	?
1903	796 376	16 440	—	?
1904	930 533	17 613	1 061 264	87 610,0
1905	1 052 292	18 171	1 061 264	97 262,9
1906	1 159 347	18 707	1 061 264	120 312,4
1907	1 261 358	19 722	1 061 264	120 312,4

b) Pflanzenbedarf:

Jahr	Die Stadtgärtnerei lieferte		Angekauft wurden		Zusammen	
	Stück	im Werte von Mk.	Stück	für Mk.	Stück	Wert Mk.
1902	169 436	23 858	52 673	18 483	222 109	42 341
1903	221 512	48 832	61 478	13 343	282 990	62 175
1904	247 943	55 882	105 402	31 894	353 345	87 776
1905	316 731	67 685	115 893	40 435	432 624	108 120
1906	300 735	68 541	81 346	31 373	382 081	99 914
1907	254 302	106 260	150 872	25 595	405 174	131 855

3. Die öffentliche Beleuchtung.

Im Jahre 1701 erhielt Leipzig die erste öffentliche Beleuchtung, „also daß in der gantzen Stadt auf beiden Seiten der Gassen kaum 20 oder 30 Schuh voneinander, nachdem die Gassen breit seyn, lauter Lichtsäulen aufgerichtet, oder zumahl an den Ecken eiserne Arme angeschlagen stehn, und auf denselben schöne große Laternen mit hellen Gläsern und Oel-Lampen die gantze Nacht hindurch gebrannt werden sollen, deren man fast auf 700 zehlet.

Dahero an statt der sonst mit dem Nachthorn blasenden und die Stunden ausruffenden Wächter 20 Männer nemlich 5 in jedem Viertel bestellet seyn, welche auch aus gewissen Rädern ein Zeichen geben und so es die Not erfordert, einander beyspringen und zusammenkommen können. Von so löblicher Anstalt hoffet man allerhand Vortheil und Nutzen; und können solchergestalt nicht nur die privat-Laternen und Fackeln erspáret werden, die ein jeder sonst vor sich beym nächtlichen Ausgehen gebrauchen muß, sondern es lassen sich auch viel Sünden wider das 5. 6. und 7. Gebot, die bishero im Schwange waren, desto füglicher verhüten und verwehren." (Dr. Gustav Wustmann, Leipzig durch drei Jahrhunderte.)

Diese öffentliche Beleuchtungsanlage ist bis zum 4. September 1838 bestehen geblieben. An diesem Tage wurde die städtische Gasanstalt in Betrieb genommen und damit zugleich in den Hauptstraßen der Stadt die Gasbeleuchtung eingeführt. Nach der Errichtung des Elektrizitätswerkes im Jahre 1895 wurden auf einigen Hauptplätzen elektrische Bogenlampen aufgestellt, in neuerer Zeit werden auch Glühlampen für die öffentliche Beleuchtung verwendet. Seit dem Jahre 1890 hat sich die öffentliche Beleuchtung wie folgt entwickelt:

Jahr	Gaslampen	Petroleum-lampen	Gasstoff-lampen	Elektrische	
				Bogenlampen	Glühlampen
1890	6 387	152	—	—	—
1895	8 341	236	—	48	—
1900	12 265	157	—	68	—
1901	12 923	124	—	68	—
1902	13 354	132	—	74	—
1903	13 890	76	49	74	—
1904	14 455	53	83	76	—
1905	14 812	35	106	76	—
1906	15 385	1	143	100	—
1907	15 660	1	142	108	131

4. Die Brotbäckerei des städtischen Armenamtes.

Im Jahre 1881 übernahm die Stadt Leipzig die gesamte Armenpflege, die bis dahin in der Hauptsache in der Hand einer Privatgesellschaft, das Armendirektorium genannt, gelegen hatte. Damit ging auch die Armenbrotbäckerei, die das Armendirektorium schon im Anfang des 19. Jahrhunderts eingerichtet hatte zur Beschaffung des für die Armenpflege nötigen Brotes, auf die Stadt über. Es wurden sofort Stimmen laut für die Aufhebung dieses Institutes und für die Vergebung der sämtlichen Brotlieferungen an Privatbäckereien. Der Rat behielt aber die Bäckerei bei, weil nach den Gutachten, die man herbeigezogen hatte, das Brot, das sie lieferte, ausgezeichnet war und auch der Stadt billiger zu stehen kam, als wenn man es von Privatbäckern bezogen hätte. Er wollte deshalb auch die Bäckerei, als sie den Bedürfnissen nicht mehr genügte, vergrößern und brachte im Jahre 1892 eine entsprechende Vorlage an die Stadtverordneten. Diese Vorlage wurde jedoch abgelehnt; trotz der günstigen Erfahrungen in der Bäckerei, die allgemein anerkannt wurden, behielten die Vertreter des Standpunktes die Majorität, daß die Stadt grundsätzlich kein Gewerbe betreiben dürfe, vielmehr ihren Bürgern und Steuerzahlern Gelegenheit zum Verdienst geben müsse. Der Einwand, daß die Brotbeschaffung durch Vergebung an Privatbäcker für die Stadt ungünstiger sein werde, wie angestellte Versuche schon bewiesen hätten, wurde nicht als stichhaltig anerkannt. So ist die Brotbäckerei in dem Umfange, den sie damals hatte, bestehen geblieben; soweit sie das nötige Brot nicht zu liefern vermag, wird es von Privatbäckern bezogen. Der Betrieb und die Ergebnisse haben sich wie folgt gestaltet:

Jahr	Verbacken wurden Mehl kg	Daraus wurden gewonnen Brot kg	Aus 100 kg Mehl wurden gewonnen Brot kg	100 kg Roggenmehl kosteten durchschnittlich Mk.	Die Selbstkosten für 1 kg Brot betrugen Pf.	Für das von Privatbäckereien bezogene Brot wurde bezahlt für 1 kg Pf.
1890	265 350	358 666	135,167	18,15	20,7	—
1895	353 588	474 603	134,225	12,95	16,0	—
1900	259 514	351 069	135,279	15,30	19,0	—
1901	249 112	342 056	137,310	15,09	18,5	—
1902	257 933	352 175	136,537	15,03	18,5	—
1903	264 488	359 914	136,079	13,71	17,5	20
1904	249 288	350 160	140,464	18,75	17,0	20
1905	255 039	357 953	140,352	18,85	18,4	20
1906	247 656	341 882	138,047	22,57	20,8	20, 22
1907	232 796	322 517	138,541	25,60	23,3	20, 22, 24, 26

5. Die Chemische Untersuchungsanstalt.

Mit den nach dem Nahrungsmittelgesetze und seinen Nebengesetzen notwendigen chemischen Untersuchungen wurde im Jahre 1892 das hygienische Institut der Universität Leipzig von der Stadt beauftragt, das sich erboten hatte, gegen eine Entschädigung von jährlich 6000 Mk. diese Untersuchungen anzustellen. Dieses Abkommen kündigte das hygienische Institut im Jahre 1902 für den 31. Dezember desselben Jahres. Darauf schloß die Stadt Leipzig zunächst einen Vertrag mit einem privaten Chemiker wegen der Vornahme dieser Untersuchungen ab, doch geschah das nur zur vorläufigen Regelung der Angelegenheit. Noch im Jahre 1903 wurde beschlossen, eine städtische chemische Untersuchungsanstalt 'zu errichten. Der Rat war zu der Überzeugung gekommen, daß es bedenklich sei, einen so wichtigen Zweig der Wohlfahrtspolizei, wie es die Nahrungsmittelkontrolle ist, auf einen in kurzen Fristen kündbaren Vertrag mit einer Privatperson zu gründen. Es gehe einer solchen Einrichtung bei der geringen Festigkeit ihrer Basis der behördliche Charakter und damit die behördliche Autorität fast völlig ab, wie auch der gutachtende Chemiker in den Augen der Beteiligten und des großen Publikums immer der Privatchemiker bleibe, der nur nebenher eine polizeiliche amtliche Tätigkeit mit versehe, bei dem man infolgedessen auch mit der Möglichkeit einer Kollision zwischen amtlicher und privater Tätigkeit rechnen müsse. Dazu komme noch, daß bei der Beauftragung eines Privatchemikers mit den Untersuchungen der Behörde dem Chemiker und seinem Personal gegenüber andere als vertragsmäßige Rechte, also insbesondere die auf öffentlich rechtlicher Grundlage beruhenden Disziplinarrechte nicht zustehen. Die Stadt übernahm das Laboratorium des Privatchemikers, der bisher die Nahrungsmitteluntersuchungen besorgt hatte, und wandelte es in die städtische Chemische Untersuchungsanstalt um. Am 1. Januar 1904 wurde sie in Betrieb genommen. Die Anstalt ist lediglich ein Organ der Wohlfahrtspolizei. Sie soll in erster Linie den Organen dienen, deren Aufgabe es ist, den Verkehr mit Nahrungs- und Genußmitteln und Gebrauchsgegenständen zur Aufrechterhaltung von Treu und Glauben im Handel zu überwachen. Sie soll auch für Private Untersuchungen anstellen, aber nicht, wenn ausschließlich Privatinteressen in Frage kommen. Deshalb nimmt sie Aufträge von Privaten nie unmittelbar entgegen, sondern nur, wenn sie ihr vom städtischen Gesundheitsamte überwiesen werden.

Die Zahl der Gegenstände, die von der Anstalt untersucht worden sind, hat im Jahre 1904 7458, 1905 8139, 1906 8647, 1907 8919 betragen.

6. Die Desinfektionsanstalt.

Ebenfalls aus Gründen der Gesundheitspolizei richtete die Stadt Leipzig in der Mitte der 90er Jahre des 19. Jahrhunderts eine Desinfektionsanstalt ein. Sie wurde zunächst in einem anderen Zwecken dienenden Grundstücke untergebracht; im Jahre 1905 erhielt sie jedoch ein eigenes Gebäude. Die Anstalt besorgt bei ansteckenden Krankheiten, insbesondere Tuberkulose, Dyphtherie, Scharlach und Typhus, die Desinfektion der Wohnungen, Möbel und Kleidungsstücke. Außerdem übernimmt sie auf Antrag der Gewerbetreibenden die gesetzlich vorgeschriebene Desinfektion von Borsten, Roßhaaren, Häuten und Fellen.

Die Zahl der vorgenommenen Desinfektionen betrug 1904 2140, 1905 2720, 1906 2959 und 1907 3259.

III.

Betriebe zur Befriedigung von Bedürfnissen der Gemeindeangehörigen und anderer Privatpersonen.

1. Das Wasserwerk.

Die erste Wasserversorgung der Stadt Leipzig, die, wie oben auseinandergesetzt worden ist, bereits im 16. Jahrhundert errichtet wurde, genügte naturgemäß immer weniger den Ansprüchen, die an die Wasserleitung einer modernen Stadt gestellt werden müssen. Nicht allein, daß sie das Wasser nicht in genügender Menge und nur in die Höfe der Grundstücke lieferte, machten sich auch immer mehr Bedenken gegen die Beschaffung des Wassers, das ja rohes Flußwasser war, geltend.

Es wurde deshalb Anfang der 60er Jahre nach langen Verhandlungen beschlossen, eine Grundwasserversorgungsanlage nach einem von dem städtischen Bauamte aufgestellten Plane zu errichten. Nachdem man vergeblich versucht hatte, die Privatindustrie zur Übernahme des baulichen Betriebes zu veranlassen, wurde der Bau den Ingenieuren Grisell und Docwra in London auf Kosten der Stadt übertragen. Im Jahre 1866 wurde die neue Wasserkunst in Betrieb genommen. Die Stadt übernahm sie am 1. Januar 1867. Der Bau hatte einen Kostenaufwand von rund 2 300 000 Mk. verursacht. Die Anlage vermochte einen Tagesbedarf von mehr als 10 000 cbm zu decken und genügte damit dem vorhandenen Bedürfnisse.

Aber schon in den 70er Jahren stellte sich heraus, daß bei der beträchtlichen Zunahme der Bevölkerung in kurzer Zeit umfassende Erweiterungen nötig sein würden. Da das Fassungsgebiet des Werkes eine größere Wasserentnahme nicht zuließ, und da ferner auch wieder Bedenken wegen der Beschaffung des Wassers laut geworden waren, wurde der Ingenieur A. Thiem in München beauftragt, Untersuchungen über die Möglichkeit der Beschaffung weiteren brauchbaren Wassers anzustellen. Die Untersuchungen, die eine Reihe von Jahren in Anspruch genommen haben, führten schließlich dazu, daß im Jahre 1885 mit dem Bau eines neuen Wasserwerkes in Naunhof, 20 km vom Stadtinnern entfernt, begonnen wurde. Diese Neuanlage, die bei einem Kostenaufwande von ebenfalls 2 300 000 Mk. für eine Förderung von 30 000 Tageskubikmetern gebaut wurde, ist am 19. September 1887 in Betrieb genommen worden. Die Maschinenanlage der alten Wasserkunst wurde dann wegen Abnutzung und weil sie veraltet war, außer Betrieb gesetzt.

Seither ist dann die Bevölkerung der Stadt Leipzig ständig beträchtlich gewachsen, besonders auch durch die Einverleibungen, die schon erwähnt worden sind. Sodann sind auch Vororte, die nicht zum Stadtgebiet ge-

Jahr	Gefördert wurden cbm	Wasserverbrauch in			
		im Stadtgebiet	in Naunhof	in Stötteritz	in der städt. Heilanstalt Dösen
1888	6 230 230	?	—	—	—
1890	7 843 238	?	—	—	—
1895	9 029 443	6 452 000	24 600	34 100	—
1900	11 263 499	8 742 000	33 200	85 200	2 700
1901	12 095 093	9 633 000	34 000	96 600	17 500
1902	11 462 800	9 205 000	28 500	96 400	84 400
1903	12 109 589	9 980 000	37 600	124 000	79 400
1904	13 043 228	10 719 917	48 900	162 300	82 800
1905	12 812 903	10 698 712	40 800	151 010	111 300
1906	13 101 711	11 168 342	40 159	171 366	110 378
1907	13 517 241	11 552 575	41 616	177 258	115 476

hören, an die Wasserleitung angeschlossen worden. Allerdings hat man sich gegenüber Anträgen von Vororten auf Wasserlieferung im allgemeinen ablehnend verhalten mit Rücksicht auf die doch immerhin beschränkte Leistungsfähigkeit eines Wasserwerkes. Wenn aber die sichere Aussicht besteht, daß ein Vorort doch einmal ins Stadtgebiet aufgenommen werden wird, oder wenn sonst ein besonders dringendes Bedürfnis vorlag, hat man sich doch zur Abgabe von Wasser entschlossen. Endlich ist auch die Wasserversorgung der Stadt Naunhof, in deren Gebiet wie gesagt die Fassungen liegen, mit übernommen worden. Dementsprechend ist natürlich der Wasserbedarf bedeutend gestiegen und man hat deshalb seit der Errichtung dieses Naunhofer Werkes wiederholt große Erweiterungsbauten ausführen müssen. Gegenwärtig ist das Werk auf eine Förderung von täglich 100 000 cbm eingerichtet und hat damit die höchste Leistungsfähigkeit erreicht.

Nach den Erfahrungen, die man bisher mit der Zunahme des Bedarfes gemacht hat, ist zu erwarten, daß schon in etwa 5—6 Jahren das vorhandene Werk nicht mehr genügen wird. Man hat deshalb bereits seit längerer Zeit mit den Vorarbeiten für ein weiteres Wasserwerk beginnen müssen und dann im Jahre 1906 beschlossen, dieses neue Werk in der Gegend von Wurzen, 23 km von der Stadt Leipzig entfernt, zu errichten. Es sind zu diesem Zwecke bereits die Fluren zweier Dörfer, Canitz und Wasewitz, zusammen über 710 ha, für rund 5 Millionen Mark angekauft worden. Die Baukosten des Werkes, das für 50 000 Tageskubikmeter Leistung berechnet ist, werden nach den Anschlägen ebenfalls etwa 5 Millionen Mark betragen.

Die Wasserförderung der Versorgungsanlage hat im Jahre 1867 betragen 943 848 cbm, 1870 1 814 681 cbm, 1880 4 274 243 cbm. Seit dem Jahre 1888, dem ersten Jahre, in dem das Naunhofer Werk voll im Betrieb war, haben sich die Verhältnisse wie folgt gestaltet:

Kubikmetern:				Höchster Verbrauch an einem Tage cbm
in Möckern	in Probstheida	Verlust	Zusammen	
—	—	?	6 040 000	22 495
—	—	?	7 706 200	?
—	—	2 519 000	9 029 700	39 042
—	—	2 409 000	11 272 100	50 608
—	—	2 306 000	12 087 100	51 808
—	—	2 290 000	11 704 300	55 197
—	—	1 891 000	12 112 000	51 271
—	—	2 056 083	13 070 000	62 774
47 842	—	1 763 507	12 813 171	60 166
64 376	—	1 548 516	13 103 137	51 234
74 864	6 576	1 549 204	13 517 569	55 009

Jahr	Im Stadtgebiete wurden abgegeben in Kubikmetern: an Grundstücke	an vorübergehende Entnahmestellen	Für öffentliche Zwecke: zur Straßenbesprengung	zur Schleusenspülung	zum Betriebe der Springbrunnen	durch Ständer, für d. Bedürfnisanstalten, für Anlagen und Denkmäler	im Feuerlöschwesen	Selbstverbrauch
1892	3 868 000	47 000	336 000	50 000	310 000	372 000	30 000	750 000
1895	4 940 000	67 000	339 000	50 000	367 000	113 000	30 000	546 000
1900	7 632 000	16 000	355 000	50 000	364 000	95 000	30 000	200 000
1901	8 331 000	16 000	460 000	50 000	366 000	160 000	30 000	220 000
1902	8 073 000	17 000	310 000	50 000	365 000	130 000	30 000	230 000
1903	8 928 000	37 000	435 000	50 000	230 000	125 000	30 000	145 000
1904	9 407 404	35 510	542 702	50 000	282 335	191 966	30 000	180 000
1905	9 739 062	58 048	392 905	50 000	220 000	108 697	30 000	100 000
1906	10 208 484	36 454	443 248	4 768	263 000	106 088	30 000	76 300
1907	10 630 529	33 289	428 637	13 255	230 000	96 565	30 000	90 300

Am Ende des Jahres betrug:

Jahr	Die Länge des Rohrnetzes m	Die Zahl der Abzweigungen im Stadtgebiet und in Vororten	in Naunhof	Die Zahl der angeschloss. öffentl. Ständer, Bedürfnisanstalten, Springbrunnen und ähnliches
1888	140 457	5 358	—	?
1890	181 713	6 691	—	?
1895	309 226	10 525	5 578	?
1900	362 996	13 546	5 578	?
1901	367 054	14 085	5 578	?
1902	375 584	14 767	5 578	?
1903	381 120	15 498	6 573	?
1904	394 676	16 390	6 573	194
1905	398 921	16 948	6 573	208
1906	410 238	17 438	6 573	220
1907	423 958	17 928	6 573	237

Es kamen auf den Kopf der Bevölkerung Liter Wasser an einem Tage:

Jahr	im Stadtgebiet	in Naunhof	in Stötteritz	in der Heilanstalt Dösen	in Möckern	in Probstheida	im gesamten Versorgungsgebiete
1903	67	31	33	252	—	—	66
1904	70	38	39	243	—	—	70
1905	68	31	39	287	18	—	67
1906	60	32	34	287	19	—	66
1907	61	33	33	275	21	18	67

2. Die städtischen Gasanstalten.

Im Jahre 1836 beschloß der Rat, von dem Erbauer der Dresdener Steinkohlengasanstalt, dem Inspektor des königlichen physikalisch-mathematischen Salons in Dresden, namens Blochmann, auf Rechnung der Stadt Leipzig eine Gasanstalt erbauen zu lassen. Diesem Beschlusse stimmten die Stadtverordneten zu. Im Jahre 1837 wurde mit dem Bau begonnen und bereits am 4. September 1838 konnte der Betrieb eröffnet werden. Doch war damit die Anstalt noch nicht vollendet, namentlich auch deshalb nicht, weil schon während des Baues so viele Anmeldungen von Privatabnehmern eingingen, daß sofort Erweiterungen beschlossen werden mußten. So zogen sich die Bauarbeiten bis zum Jahre 1840 hin. Am Ende dieses Jahres waren 877 Straßenflammen und 1068 Privatflammen bei 80 Abnehmern an das Rohrnetz angeschlossen. Die gesamten Baukosten betrugen rund 190 000 Taler.

Auch in der Folgezeit nahm der Bedarf von Gas fortgesetzt so zu, daß fast ununterbrochen Erweiterungsbauten notwendig waren. 1848 wurde die Leistungsfähigkeit der Anstalt auf 6000 Flammen, 1854 auf 10 000 Flammen gesteigert. Ende des Jahres 1858, also nach 20 jährigem Bestehen der Anstalt waren 1036 öffentliche Flammen, 94 Flammen in der Anstalt und 13 191 Privatflammen, zusammen also 14 321 Flammen angeschlossen.

In den Jahren 1882 bis 1885 wurde dann im Süden der Stadt eine zweite Gasanstalt gebaut, weil die erste trotz weiterer Vergrößerungen, die sie inzwischen erfahren hatte, nicht mehr in der Lage war, den Gasbedarf zu decken, und auch nicht mehr erweitert werden konnte. Die erste Gasanstalt wurde Ende der 80 er Jahre bis auf die Gasbehälter vollkommen erneuert, da sie technisch nicht mehr auf der Höhe stand. Die beiden neuen Anstalten wurden nun von vorn herein so angelegt, daß sie, ohne daß die Einheitlichkeit des gesamten Betriebes darunter litt, bis zu einer Leistungsfähigkeit von täglich 210 bis 220 000 cbm ausgebaut werden konnten. Und dieser Ausbau ist gegenwärtig, da sich der Gasbedarf ununterbrochen ganz bedeutend gesteigert hat, fast vollendet. Man hat sogar weiter schon mit den Vorarbeiten für eine dritte Gasanstalt beginnen müssen.

Diese außerordentliche Entwicklung der städtischen Gasanstalten ist zum großen Teile auch mit darauf zurückzuführen, daß sich das Versorgungsgebiet im Laufe der Jahre ganz bedeutend vergrößert hat. Es wurden wie schon erwähnt worden ist, Ende der 80 er und Anfang der 90 er Jahre des 19. Jahrhunderts 18 Vororte in das Stadtgebiet aufgenommen, wodurch das Stadtgebiet von 1738 auf 5700 ha und die Einwohnerzahl von

180 000 auf rund 357 000 anwuchs. Diese Vororte wurden wenigstens zum Teil, soweit sie nämlich nicht mit der Thüringer Gasgesellschaft langfristige Verträge abgeschlossen hatten, an das Leitungsnetz der städtischen Anstalten angeschlossen. Dann übernahm die Stadt weiter die Gasversorgung einer Reihe von Vororten, die nicht zum Stadtgebiete gehören, die aber, wie z. B. Möckern und Stötteritz, Oetzsch und Gautzsch und Mockau ebenfalls einen beträchtlichen Gasbedarf aufweisen. Endlich hat dann, worauf auch schon hingewiesen worden ist, in jüngster Zeit, am 12. Juli 1907, die Stadt Leipzig mit der Thüringer Gasgesellschaft einen Vertrag geschlossen, nach dem diese Gesellschaft die drei Gasanstalten, die sie jetzt noch in den einverleibten Vororten betreibt, mit den Rohrnetzen im Stadtgebiete und in der Vorortsgemeinde Schönefeld an die Stadtgemeinde verkauft, und bereits am 1. November 1907 ist das Rohrnetz der Gesellschaft in Eutritzsch, Neugohlis und Plagwitz an das städtische Rohrnetz angeschlossen worden. Die Anstalten selbst und der Rest der Rohrnetze werden nach dem Vertrage bis zum Jahre 1911 in das Eigentum der Stadt übergehen. Welchen Einfluß dieser Anschluß auf die gesamte Gasabgabe der städtischen Gasanstalten haben wird, läßt sich daraus schließen, daß nach der Schätzung der Verwaltung allein in den am 1. November 1909 angeschlossenen Gebieten bis zum Jahresschluß rund 470 000 cbm Gas abgegeben worden sind.

Die Anstalt erzeugte im Jahre 1838 vom 4. September an 23 991 cbm Gas, 1893: 120 344 cbm, 1840: 308 309 cbm, 1860: 1 480 705 cbm und 1880 rund 10 140 000 cbm. Das Rohrnetz hatte am Ende des Jahres 1878 eine Länge von 134 789 m. Angeschlossen waren am Ende dieses Jahres 3068 öffentliche Flammen und 112 537 Privatflammen, einschließlich der in den städtischen Theatern und in der Gasanstalt selbst.

Seit dem Jahre 1890 ist die Entwicklung der Anstalten die folgende gewesen:

Jahr	Länge des Rohrnetzes m	Angeschlossen waren am Schlusse des Jahres:					
		Straßenlaternen	Auslässe für den Privatverbrauch				
			für Lichtzwecke	f. Wärmezwecke	private Abnehmer	Kraftmaschinen Anzahl	P.S.
1890	215 193	4 866	163 285	3 372	11 654	202	842
1895	247 617	5 603	190 740	5 662	14 315	319	1277
1900	344 048	9 480	244 800	16 600	24 948	469	2202 ½
1901	356 521	10 014	252 600	20 200	27 734	467	2176 ½
1902	367 442	10 364	261 800	23 700	31 187	504	2299 ½
1903	386 758	10 747	268 700	26 600	34 992	546	2410 ½
1904	402 602	11 203	277 650	31 200	39 970	501	2481 ½
1905	418 998	11 499	289 230	35 170	44 051	495	2554
1906	436 535	11 888	297 630	39 820	47 202	493	2768 ½
1907	495 383	12 678	321 409	47 775	55 497	575	3412

Jahr	Gaserzeugung cbm	Kohlenverbrauch t	Aus 1 t Kohlen wurde gewonnen Gas cbm	Gasabgabe im Ganzen cbm	Gasabgabe größte an einem Tage cbm	Gasabgabe geringste an einem Tage cbm	Gasabgabe auf den Kopf d. Bevölkerung des Versorgungsgebietes cbm
1890	15 908 580	52 976,470	300,3	15 901 080	88 720	16 250	59,7
1895	17 872 400	59 407,309	300,8	17 873 800	100 540	17 390	79,5
1900	23 416 220	78 649,420	285,7	23 418 820	117 640	22 130	75,8
1901	25 130 100	88 430,000	284,5	25 116 900	137 410	23 380	79,1
1902	26 411 520	90 241,632	292,7	26 428 520	139 800	24 250	80,0
1903	27 946 640	94 467,177	295,8	27 945 840	146 070	27 760	82,1
1904	29 823 400	101 003,482	295,3	29 804 200	150 450	29 110	85,5
1905	31 952 680	107 716,261	296,6	31 942 880	165 150	32 030	91,2
1906	32 984 420	111 145,565	296,8	32 980 820	172 170	33 800	92,6
1907	36 604 460	124 282,700	294,5	36 603 360	200 020	40 300	98,3

An Nebenprodukten wurden gewonnen:

Jahr	Koks Hektoliter	Koks Tonnen	Koks Prozent vom Gewicht des Vergasungsmaterials	Teer Tonnen	Teer Prozent vom Gewicht des Vergasungsmaterials	Ammoniakwasser Tonnen	Ammoniakwasser Prozent vom Gewicht des Vergasungsmaterials	Schwefelsaures Ammoniak Tonnen	Schwefelsaures Ammoniak Prozent vom Gewicht des Vergasungsmaterials
1890	667 630	?	?	3517,719	6,62	5951,719	11,17	191,877	0,36
1895	861 955	39 114,525	65,84	3656,068	6,15	6792,076	11,43	336,167	0,57
1900	1 157 555	52 653,693	64,25	4585,944	5,60	8926,313	10,89	623,015	0,79
1901	1 241 884	56 506,365	63,88	4740,785	5,36	9649,312	10,91	575,010	0,65
1902	1 285 786	58 969,078	65,35	4908,733	5,44	9933,199	11,00	716,610	0,79
1903	1 346 318	61 524,000	65,13	5344,863	5,66	9600,640	10,16	720,904	0,76
1904	1 455 253	66 483,000	65,82	5650,262	5,59	10574,928	10,47	797,510	0,79
1905	1 575 474	71 766,000	66,63	5899,827	5,48	11673,952	10,84	915,510	0,85
1906	1 604 692	72 811,350	65,51	6008,571	5,40	11731,299	10,55	860,711	0,77
1907	1 808 666	81 855,450	65,86	6677,125	5,37	12516,087	10,07	950,815	0,76

Von dem abgegebenen Gas fielen auf:

Jahr	öffentliche Beleuchtung		Privatverbrauch										Verbrauch der Gasanstalten		Verlust	
			Beleuchtung		Kraft und Wärme				städtische Gebäude		Zusammen					
					gewerblich		haushaltlich									
	cbm	%	cbm	%	cbm	%	cbm	%	cbm	%	cbm	%	cbm	%	cbm	%
1890	2 099 695	13,2	10 671 061	67,1	1 320 164	8,3			1 200 141	7,5	13 191 366	82,9	193 816	1,3	416 203	2,6
1895	2 334 152	13,0	11 709 734	65,5	1 887 097	10,6	157 071	0,9	1 383 057	7,7	15 136 959	84,7	226 154	1,3	176 535	1,0
1900	1 985 821	8,5	14 379 326	61,4	4 275 713	18,2	1 070 782	4,6	1 395 695	6,0	21 121 516	90,2	270 748	1,1	40 735	0,2
1901	2 123 710	8,5	15 107 526	60,1	4 447 570	17,7	1 546 548	6,2	1 486 914	5,9	22 588 558	89,9	294 882	1,2	109 750	0,4
1902	2 231 712	8,4	15 417 706	58,3	4 471 860	16,9	2 059 273	7,8	1 500 708	5,7	23 449 547	88,7	307 484	1,2	439 777	1,7
1903	2 344 175	8,4	16 293 892	58,3	5 017 154	18,0	2 133 647	7,6	1 475 832	5,3	24 920 525	89,2	311 581	1,1	369 559	1,3
1904	2 448 176	8,2	17 372 963	58,3	5 218 470	17,5	2 556 342	8,6	1 502 416	5,0	26 650 191	89,4	357 289	1,2	348 544	1,2
1905	2 573 396	8,1	18 552 944	58,1	5 559 805	17,4	2 987 149	9,3	1 572 878	4,9	28 672 776	89,7	354 199	1,1	342 509	1,1
1906	2 648 559	8,0	18 928 562	57,4	5 748 322	17,4	3 501 420	10,6	1 572 475	4,8	29 750 779	90,2	365 308	1,1	216 174	0,7
1907	2 736 220	7,5	20 647 662	56,4	6 324 311	17,3	4 349 318	11,9	1 726 077	4,7	33 047 368	90,3	382 885	1,0	436 887	1,2

Außerhalb des Stadtgebietes wurden abgegeben für:

Jahr	Beleuchtung cbm	Kraft und Wärme cbm	städtische und öffentliche Gebäude cbm	Zusammen cbm	Prozent der Gesamtabgabe
1890	45 198	43 483	?	88 681	0,56
1895	27 411	7 647	15 446	50 504	0,28
1900	227 393	133 070	60 742	421 205	1,80
1901	299 395	168 607	70 431	538 433	2,14
1902	336 629	213 878	151 397	701 904	2,66
1903	424 729	286 292	187 224	898 245	3,21
1904	499 656	338 881	224 290	1 062 827	3,57
1905	582 808	393 478	250 024	1 226 310	3,84
1906	653 462	431 509	288 506	1 373 477	4,16
1907	743 210	474 773	316 127	1 534 110	4,19

3. Das Elektrizitätswerk.

Nach längeren Verhandlungen, die wegen der Errichtung eines elektrischen Kraftwerkes für die Stadt Leipzig gepflogen worden waren, beschloß der Rat im Jahre 1893, der Firma Siemens & Halske in Berlin die Erlaubnis zum Bau und Betrieb eines solchen Werkes zu erteilen. Es wurde bei den Verhandlungen auch die Frage der eigenen Regie erörtert und man verkannte nicht, daß dafür manche Gründe sprächen, z. B., daß dann eine Konkurrenz zwischen dem neuen Werk und der Gasanstalt vermieden werden könnte und daß der Stadt eine wesentliche indirekte Einnahmequelle geschaffen würde. Man war aber der Meinung, daß man das auch durch entsprechende Vertragsbestimmungen erreichen könne, und meinte im übrigen, daß es für die Stadt vorteilhafter sein würde, einer Privatgesellschaft das Unternehmen zu überlassen, besonders, weil diese schneller damit zustande kommen würde als die Stadt. Daran mußte nämlich der Stadt viel gelegen sein, weil sonst zu erwarten war, daß sich verschiedene größere Unternehmer eigene Anlagen bauen würden. Bei den Stadtverordneten wurde zwar von einer Seite darauf hingewiesen, daß die eigene Regie entschieden vorzuziehen sei, da wahrscheinlich das Bedürfnis nach elektrischem Licht bald größer werden würde und dann die Stadt in eine gewisse Abhängigkeit von der Gesellschaft geraten könne. Die Stadt solle ihr Besitzrecht auf die Straßen sorgfältig wahren. Den kleinen Gewerbetreibenden werde das elektrische Licht in der Hand eines großen Unternehmers wenig nützen. Endlich sei auch nicht richtig, daß der städtische

Betrieb schwerfälliger sein werde. Beim Schlachthofe und bei der Markthalle habe man wenigstens dieses Argument nicht geltend gemacht. Doch vermochte diese eine Stimme nicht durchzudringen, man stimmte der Ratsvorlage zu.

Die wichtigsten Vertragsbestimmungen waren die folgenden:

Die Unternehmerin verpflichtete sich, innerhalb einer bestimmten Frist die innere Stadt in einem festgesetzten Umfange mit Kabeln zu belegen und den nötigen Strom zu liefern. Über die innere Stadt hinaus hatte die Gesellschaft Kabel zu verlegen und dort Strom abzugeben, wenn eine bestimmte Anzahl von Lampen angemeldet war. Dies war der sogenannte zweite Ring, der sich auf die Vororte, die zum Stadtgebiete gehören, noch nicht erstreckte, sondern immer erst die neuere innere Stadt umfaßte. Über diesen zweiten Ring hinaus durfte die Gesellschaft Strom nur mit Genehmigung des Rates und der Stadtverordneten abgeben. Die Abgabe von Strom zum Betrieb von Straßenbahnen war ihr überhaupt untersagt.

Die Anlage war zunächst für den Betrieb von 18 000 installierten Glühlampen, zu je 16 Normalkerzen, herzustellen; die Möglichkeit der Erweiterung auf 30 000 Lampen mußte aber von vornherein gesichert sein.

Die gesamte Anlage unterlag der fortgesetzten Überwachung des Rates, dem deshalb alle Pläne über Erweiterungen usw. zur Genehmigung vorzulegen waren.

Für die Benutzung der öffentlichen Straßen, Plätze, Brücken und Anlagen hatte die Unternehmerin neben den allgemeinen Steuern eine jährliche Vergütung von 16 ²/₃ % der gesamten Bruttoeinnahme zu leisten. Neben dieser Abgabe hatte sie noch einen Anteil vom Reingewinn an die Stadt abzugeben. Diese Verpflichtung begann, sobald die Unternehmerin aus dem Unternehmen mit Einschluß von Installationen und sonstigen Nebeneinnahmen einen Reingewinn von über 6 % bezog, und zwar hatte die Stadt an einem Überschuß

über	6 %	mit	40 %
„	7 %	„	50 %
„	8 %	„	60 %
„	9 %	„	66 ²/₃ %

teilzunehmen. Über die Berechnung des Überschusses waren genaue Bestimmungen aufgenommen.

Die Konzessionsdauer wurde auf 35 Jahre festgesetzt, doch behielt sich die Stadt das Recht vor, nach Ablauf von 10 Jahren vom Beginne des Betriebes, also vom 1. September 1895, an gerechnet, die Übertragung des Eigentums der gesamten Anlage gegen entsprechende Abfindung zu verlangen.

Der Preis, für den die Übernahme erfolgen sollte, sollte so bestimmt werden, daß für jedes seit der Inbetriebsetzung folgende Jahr, und zwar

für das	1. und	2.	Jahr je	1 %,
„ „	3. bis	8.	„ „	1 ½ %,
„ „	9. „	10.	„ „	2 %,
„ „	11. „	35.	„ „	3 %

vom Herstellungspreise abzurechnen waren. Der Herstellungspreis wurde im Vertrage festgesetzt, ferner mußte jede Erhöhung dieses Preises bei Erweiterungen durch den Rat genehmigt werden.

Der Strompreis wurde auf 70 Pf. für die K.W.Std. für Beleuchtungs- und auf 20 Pf. für motorische und andere Zwecke festgesetzt. Änderungen dieses Tarifes unterlagen der Genehmigung des Rates.

Für die öffentliche Beleuchtung hatte das Werk den Strom zu dem allgemeinen Preise, jedoch mit einem Nachlaß von 33 ⅓ % zu liefern.

In diesen Vertrag trat im Jahre 1894 mit Genehmigung des Rates an Stelle der Firma Siemens & Halske die neugebildete Aktiengesellschaft „Leipziger Elektrizitätswerke" ein. Die Entwicklung, die das Werk genommen hat, zeigen die beiden Tabellen auf Seite 38.

Obwohl also das Werk fortgesetzt steigende Erträgnisse zu verzeichnen hatte, wurden doch schon nach sehr kurzer Zeit lebhafte Klagen laut über die mangelhafte Elektrizitätsversorgung der Stadt. Das Werk war bald an der Grenze seiner Leistungsfähigkeit angekommen, aber es lehnte Erweiterungen ab mit der Begründung, daß es bei den bestehenden Tarifen Neubauten nicht vornehmen könne. Die Verwaltung verlangte eine Erhöhung des Preises für Kraftstrom auf 30 Pf. für die K.W.St., dafür sollte der Lichtstrompreis auf 60 Pf. herabgesetzt werden. In der Sitzung der Stadtverordneten vom 13. September 1899 wurden deshalb scharfe Vorwürfe gegen die Verwaltung des Elektrizitätswerkes erhoben, dem das Publikum auf Gnade und Ungnade ergeben sei. Die Erträgnisse des Werkes wurden für völlig genügend erklärt, und wenn das Werk nicht noch mehr abwerfe, so liege das an dem verfehlten System, dafür könne aber der Abnehmer nicht verantwortlich gemacht werden durch Erhöhung des Tarifes. Diese Erhöhung wurde abgelehnt und zugleich der Rat ersucht, eingehende Erörterungen anzustellen, wie dem Mangel in der Elektrizitätsversorgung der Stadt am besten abgeholfen werden könne. Es wurden darauf neue Verhandlungen mit der Verwaltung des Werkes eingeleitet, aber auch diese führten zu keinem Ziele; sie lehnte alle Erweiterungen ab, solange ihr nicht ein anderer Tarif bewilligt würde. Das führte schließlich dazu, daß eine Kommission von Ratsmitgliedern und Stadtverordneten zur

Jahr	Länge des Kabelnetzes km	Anschlußwert am Schlusse d. Jahres Hektowatt	Hausanschlüsse	Abnehmer	Am Schlusse des Jahres waren angeschlossen: Glühlampen	Bogenlampen	Elektromotoren: Zahl	Elektromotoren: P. S.	sonstige Anschlüsse	Stromabgabe ohne eignen Bedarf: Lichtstrom Hektowattstunden	Lichtstrom % der Gesamtlieferung	Kraftstrom Hektowattstunden	Kraftstrom %	Zusammen Hektowattstunden
1896	254,965	19 373,5	342	460	23 998	790	129	297,7	88	3 523 504	79,08	931 582	20,92	4 455 086
1897	260,513	27 573,88	468	634	32 274	1 132	216	508,9	132	5 417 526	67,87	2 564 198	32,13	7 981 724
1898	280,404	36 383,28	558	782	41 766	1 423	323	733,73	172	6 975 685	65,95	3 599 972	34,05	10 575 657
1899	297,547	42 169	631	911	47 461	1 726	395	891,29	202	8 085 926	63,33	4 680 593	36,67	12 766 519
1900	323,24[illegible]	50 043	719	1 054	53 933	1 936	505	1 229,42	239	9 315 430	62,83	5 509 007	37,17	14 824 437
1901	329,8	56 869	786	1 184	60 348	2 083	645	1 504,11	267	9 728 041	59,70	6 564 975	40,30	16 293 016
1902	342,6	67 155	843	1 318	70 128	2 375	774	1 807,01	318	10 886 109	59,86	7 300 492	40,14	18 186 601
1903	345	71 644	909	1 428	73 993	2 539	892	1 953,8	380	11 810 770	60,67	7 657 702	39,33	19 468 472
1904	348,7	76 070	971	1 570	79 326	2 565	1 051	2 139,8	448	13 003 765	60,31	8 558 659	39,69	21 562 424

Jahr	Gesamtwert der Anlagen Mk.	Bruttoerträgnis, von dem die Abgabe an die Stadt zu berechnen war Mk.	Betriebsausgaben einschließlich der Generalunkosten Mk.	Der eigentliche Bruttogewinn mit Vortrag aus dem Vorjahr Mk.	Rücklagen (Abschreibungen) Überweisung an den Tilgungs- u. Reservefonds Mk.	Reingewinn Mk.	Kapital Mk.	Dividende Mk.	Dividende %	Abgabe an die Stadt Mk.
1895	2 154 820	93 726	?	96 614	43 225	49 883	2 000 000	36 700	$5^1/_2$	15 621
1896	2 679 300	266 006	37 948	238 705	110 645	134 487	2 000 000	100 000	5	44 334
1897	3 074 669	428 314	?	264 490	134 294	136 536	2 000 000	110 000	$5^1/_2$	71 386
1898	3 333 507	552 676	224 056	347 193	152 640	197 713	3 000 000	157 500	$5^1/_4$	92 113
1899	3 989 964	644 498	294 816	381 675	173 744	198 975	3 000 000	157 500	$5^1/_4$	107 416
1900	4 360 634	749 188	378 200	402 436	195 661	212 294	3 000 000	172 500	$5^3/_4$	124 865
1901	4 478 245	804 137	421 579	416 645	207 565	217 845	3 000 000	172 500	$5^3/_4$	134 023
1902	4 896 053	899 782	504 323	437 099	220 589	224 899	3 000 000	180 000	6	149 964
1903	4 932 766	967 675	564 117	452 197	228 704	224 397	3 000 000	180 000	6	161 279
1904	4 966 462	1 071 750	638 119	490 001	234 010	243 369	3 000 000	201 000	$6^7/_{10}$	207 847

Prüfung der Angelegenheit eingesetzt wurde. Diese Kommission zog ein Gutachten von einem hervorragenden Sachverständigen auf dem Gebiete der städtischen Elektrizitätsversorgung herbei und kam auf Grund dieses Gutachtens zu dem Vorschlage, daß die Stadt das bestehende Werk am 1. September 1905 nach dem Vertrage übernehmen, es dann den Bedürfnissen entsprechend ausbauen und für die Außenbezirke ein neues, zweites Werk errichten solle. Dieser Vorschlag wurde gutgeheißen und daraufhin das Werk am 1. September 1905 für den vertragsmäßigen Preis von 4 437 390 Mk. übernommen.

Schon vor der Übernahme wurde mit den Erweiterungsarbeiten begonnen — insbesondere wurden 125,39 km neue Kabel gelegt und neue Maschinen aufgestellt —, um die Leistungsfähigkeit des Werkes zu erhöhen. Diese Neuanlagen waren bis zum Ende des Jahres 1906 beendet und dem Betriebe übergeben. Das Werk wurde dadurch in den Stand gesetzt, die doppelte Menge Strom gegen früher abzugeben. An Kosten wurden für die Erweiterungen bis zum Ende des Jahres 1905 1 268 346 Mk. und im Jahre 1906 rund 600 000 Mk. aufgewendet.

Abgesehen von diesen Änderungen an dem bestehenden Werke wurden sofort die Arbeiten für das neue große Außenwerk in Angriff genommen, mit dessen Bau nach Bewilligung der nötigen Mittel bereits begonnen worden ist. Der Gesamtaufwand wird etwa 16 Millionen Mark betragen. Die Entwicklung des Werkes seit der Übernahme zeigt die folgende Zusammenstellung:

Jahr	Länge des Kabelnetzes km	Anschlußwert am Schlusse des Jahres Hektowatt	Hausanschlüsse	Abnehmer	Am Schlusse d. Jahres waren angeschlossen: Glühlampen	Bogenlampen	Elektromotoren Zahl	Elektromotoren P.S.	sonstige Anschlüsse
1905	484,4	83 400	1106	1700	85 086	2679	1145	2232	523
1906	497,85	92 785	1219	1943	90 640	2826	1160	2737	584
1907	505,33	105 602	1359	2124	101 606	3122	1427	3243	674

Jahr	Stromabgabe ohne eignen Bedarf: Lichtstrom u. Sperrzeitstrom H.W.St.	Prozent d. Gesamtlieferung	Kraftstrom und Strom außer der Sperrzeit H.W.St.	Prozent	Zusammen H.W.St.
1905	14 395 970	60,74	9 306 630	39,26	23 702 600
1906	15 133 620	59,73	10 202 588	40,27	25 336 208
1907	15 545 904	49,92	15 592 820	50,08	31 138 724

4. Das Leihhaus und die Sparkasse.

„Um weniger Bemittelten Gelegenheit zu verschaffen, Ersparnisse auch im einzelnen sicher und nutzbar anzulegen und sich so ein kleines Kapital zu irgend einer Unternehmung oder für künftige Notfälle zu sammeln" wurde am 26. Februar 1826 in Leipzig mit königlicher Genehmigung eine Sparkasse errichtet und mit dieser Sparkasse, „als das sicherste Mittel, dem Wucher, welcher bei dem Leihen auf Pfand nur zu oft getrieben wird, und zu der Verarmung vieler nicht wenig beiträgt, zu steuern", ein Pfandleihhaus verbunden.

Die Sparkasse erhielt von der Stadtkasse das nötige Betriebskapital als Darlehen vorgeschossen, das Leihhaus dagegen erhielt sein Betriebskapital von der Sparkasse gegen 4 % Zinsen geliehen. Die Entwicklung der beiden Anstalten zeigen die folgenden Tabellen:

Leihhaus.

Jahr	Neu beliehene Pfänder	Eingelöste und veräußerte Pfänder	Bestand am Ende des Jahres	Neu gewährte Darlehen Mk.	Durchschnittlich auf 1 Pfand Mk.	Darlehnssumme am Ende des Jahres Mk.
1826	10 162	4 200	5 962	263 169	25,89	144 727
1835	35 220	34 710	17 229	399 199	11,34	181 240
1855	60 048	61 899	29 654	554 153	9,23	271 122
1875	93 369	93 499	49 092	1 522 110	16,30	717 767
1885	123 529	126 112	62 908	1 653 939	13,40	744 289
1895	173 455	177 683	85 637	2 412 457	13,91	1 022 156
1900	178 521	176 319	78 063	2 636 420	14,77	1 010 935
1905	197 106	191 617	92 440	2 353 094	11,94	1 022 967
1906	200 280	200 645	92 615	2 406 600	11,98	1 040 914
1907	208 652	204 075	97 192	2 467 120	11,82	1 111 160

Sparkasse.

Jahr	Einlagen		Rückzahlungen		Am Ende des Jahres hatten		
	Zahl	Gesamtsumme Mk.	Zahl	Gesamtsumme Mk.	Sparer	ein Gesamtguthaben Mk.	ein Durchschnittsguthaben Mk.
1826	2 920	286 061	137	19 136	1 613	270 155	167,48
1835	6 184	470 228	2 600	327 098	6 886	1 728 668	251,04
1855	11 102	670 169	6 714	668 235	13 477	2 814 889	208,87
1875	56 659	4 070 892	35 699	3 001 871	44 266	12 137 771	274,20
1885	125 056	6 776 797	79 073	5 471 214	90 694	25 677 173	283,11
1895	202 406	13 104 279	124 375	10 228 153	154 082	51 137 774	331,93
1900	215 153	13 034 486	148 070	15 790 329	180 569	59 111 898	327,36
1905	239 110	16 246 624	164 728	17 221 804	197 926	72 235 078	364,96
1906	235 875	16 015 305	165 885	18 211 156	198 841	72 100 875	362,61
1907	229 036	16 125 310	165 059	19 684 849	198 284	70 573 759	355,92

In den Vororten, die in den Jahren 1889 bis 1892 dem Stadtgebiete einverleibt wurden, bestanden ebenfalls mehrere Sparkassen, die, abgesehen von der „Sparkasse in der Parochie Schönefeld zu Reudnitz", die eine selbständige juristische Person war, bei der Einverleibung mit übernommen wurden. Auch die Reudnitzer Sparkasse übernahm später die Stadt Leipzig, nachdem zwei Gemeinden, die nicht mit einverleibt worden waren, aus dem Sparkassenverbande ausgeschieden waren. Im Jahre 1900 wurden dann diese sämtlichen ehemaligen Landsparkassen zu einer gemeinschaftlichen Sparkasse vereinigt, die den Namen „Sparkasse II" führt. Für beide Sparkassen ist dann ein gemeinschaftliches Statut aufgestellt worden. Die Verwaltung ist bis jetzt noch getrennt, wahrscheinlich wird aber in nicht zu langer Zeit eine Vereinigung beider Anstalten vorgenommen werden. Über die Tätigkeit der Sparkasse II und beider Sparkassen zusammen seit dem Jahre 1900 geben die folgenden Tabellen Aufschluß:

Sparkasse II.

Jahr	Einlagen		Rückzahlungen		Am Ende des Jahres hatten		
	Zahl	Gesamtsumme Mk.	Zahl	Gesamtsumme Mk.	Sparer	ein Gesamtguthaben Mk.	ein Durchschnittsguthaben Mk.
1900	59 447	3 212 442	40 386	4 253 591	49 086	15 456 295	314,88
1905	78 758	5 233 202	52 721	5 056 264	61 915	20 095 089	324,56
1906	84 281	5 577 463	54 115	5 513 555	64 944	20 765 139	319,43
1907	89 409	5 703 243	57 493	6 022 823	67 566	21 067 716	311,81

Sparkasse I und II.

Jahr	Einlagen		Rückzahlungen		Am Ende des Jahres hatten		
	Zahl	Gesamtsumme Mk.	Zahl	Gesamtsumme Mk.	Sparer	ein Gesamtguthaben Mk.	ein Durchschnittsguthaben Mk.
1900	274 600	16 246 928	188 456	20 043 920	229 655	74 568 193	324,69
1905	317 868	21 479 826	217 449	22 278 068	259 841	92 330 167	355,33
1906	320 156	21 592 768	220 000	23 724 711	263 785	92 866 014	352,05
1907	318 445	21 828 553	222 552	25 707 672	265 850	91 641 475	344,71

5. Betriebe zum Zwecke der Lebensmittelversorgung.

a) Die Markthalle.

Die Lebensmittelversorgung durch regelmäßige, offene Wochenmärkte erwies sich in den 80er Jahren des 19. Jahrhunderts in Leipzig mehr und mehr als ungenügend. Nicht nur traten die sanitären Mängel, die sich auch in anderen Städten zeigten, in Leipzig besonders deutlich in die Erscheinung, weil eben gerade in Leipzig der größte Teil der Lebensmittelbeschaffung durch die Wochenmärkte geschah, sondern es kam hier noch dazu, daß sich ein gut organisierter Großhandel unter den bestehenden Verhältnissen nicht entwickelte, was zur Folge hatte, daß die Lebensmittelpreise wesentlich höhere waren als in anderen Städten Deutschlands. Außerdem litten die Märkte in Leipzig noch unter dem Übelstand, daß wegen der Messen, die jedes Jahr stattfanden, der Marktplatz häufig verlegt werden mußte.

Diese Umstände führten dazu, daß die städtischen Körperschaften im Jahre 1887 nach längeren Vorberatungen beschlossen, nach dem Vorbilde anderer Städte eine Markthalle zu errichten, und zwar eine städtische Markthalle, da man von vornherein darüber einig war, daß eine durch eine Privaterwerbsgesellschaft errichtete Markthalle nicht in der Lage sein werde, den wirtschaftlichen und gesundheitspolizeilichen Anforderungen, die man an eine solche stellen muß, gerecht zu werden, und da außerdem die angestellten Berechnungen ergaben, daß die Stadt aller Wahrscheinlichkeit nach ein finanzielles Risiko mit der Errichtung der Halle nicht übernehmen werde. Mit einem Kostenaufwande von rund 3 800 000 Mk. wurde dann die Markthalle erbaut und am 27. Mai 1891 dem Betriebe übergeben. Sie umfaßt 8745 qm im Erdgeschoß und 3172,79 qm Gallerie, zusammen also 11 917,79 qm. Davon sind 4423 qm gleich 37,1 % Nutzfläche. Außerdem sind vorhanden 133 Kellerräume von zusammen 2840,19 qm Fläche, 112 Kühlräume mit 395 qm Fläche und ein Lagerraum von 28,29 qm Fläche. Die Einteilung in Verkaufsstände ist je nach Bedarf im Laufe der Zeit geändert worden, gegenwärtig sind 1445 solcher Verkaufsstände vorhanden.

Seit die Markthalle im Betrieb ist, werden offene Wochenmärkte nicht mehr abgehalten. Nur ein Teil des Großhandelsmarktes findet in den Sommermonaten auf dem Roßplatze unmittelbar an der Markthalle statt, weil da die Stände der Markthalle nicht ausreichen. Das Standhalten auf Straßen und öffentlichen Plätzen mit Waren des Wochenmarktes ist verboten. Waren des Wochenmarktes sind: a) rohe Naturerzeugnisse mit

Ausschluß des größeren Viehes, b) Fabrikate, deren Erzeugung mit der Land- und Forstwirtschaft, dem Garten- und Obstbau oder der Fischerei in unmittelbarer Verbindung steht, c) frische Lebensmittel aller Art.

Die Markthalle ist an Werktagen von den frühen Morgenstunden an bis abends 8 Uhr, Sonnabends bis 9 Uhr geöffnet. Die Stände in der Markthalle sind meist zum größten Teile besetzt, an Tagen starken Verkehrs reichen sie hie und da nicht zu. Die Mehrzahl davon ist im Abonnement vermietet.

b) Der Vieh- und Schlachthof mit der Freibank. Die Schlachtviehversicherung.

Die Stadt Leipzig hatte bereits seit der Mitte des 17. Jahrhunderts ein auf Kosten der Stadt errichtetes Schlachthaus, das zuletzt an die Fleischerinnung verpachtet war. Doch hatte das Haus nicht den Charakter eines modernen Schlachthofes, vor allem deshalb nicht, weil kein Zwang bestand und bestehen konnte, daß alle Schlachtungen dort vorzunehmen waren. Dazu war es zu klein. Das Bedürfnis nach einem modernen Schlachthofe stellte sich in den 70er Jahren des vorigen Jahrhunderts heraus. Im Jahre 1877 stellten die Stadtverordneten den Antrag, der Rat möge der Errichtung eines Schlachthauses mit Schlachtzwang näher treten, damit eine wirklich gute Fleischbeschau eingeführt werden könne. Die städtischen Körperschaften beschäftigte darauf zunächst die Frage, ob man den Schlachthof von Stadt wegen einrichten oder ob man die Errichtung der Fleischerinnung überlassen solle, die sich bereit erklärte, zu diesem Zwecke eine Aktiengesellschaft oder eine sonstige Erwerbsgesellschaft zu gründen. Der Rat beschloß schließlich, den Schlachthof selbst zu bauen, und dem schlossen sich die Stadtverordneten an. Die Gründe dieses prinzipiellen Beschlusses waren etwa folgende:

Die Fleischerinnung werde einen Zentralschlachthof nur als Erwerbsgenossenschaft ausführen, damit könne aber nicht das erreicht werden, was mit der Errichtung eines Schlachthofes erreicht werden solle. Es handele sich vor allem darum, eine gesunde Fleischversorgung der Stadt zu erreichen, also um Maßregeln der Sanitärpolizei, die getroffen werden müßten. Derartige Maßregeln würden aber am besten durchführbar sein, wenn die Stadt selbst Eigentümerin der Anlage sei. Außerdem habe die Stadt ein großes Interesse daran, daß auch Landfleischer kämen, dies werde aber die Fleischerinnung naturgemäß auszuschließen suchen. Die Stadt könne überdies in eine unangenehme Lage kommen, wenn sie der Innung den Schlachthofbau überlasse, denn wenn der Schlachtzwang eingeführt werde, so habe die Stadt nach dem Gesetze vom 11. Juni 1876 für die nötigen Schlachthäuser zu sorgen. Wenn sich dann etwa die Anlage der Innung als zu klein erweise, werde doch die Stadt noch eingreifen müssen, wenn nicht auf den Schlachthofzwang verzichtet werden solle. Endlich bestehe auch gar keine Gefahr, da sich die Anlage sicher rentieren werde, wenn auch kein Gewinn für die Stadt dabei abfalle, was ja auch nicht die Absicht sei, da es sich um eine rein wohlfahrtspolizeiliche Anstalt handele.

Diesen Gründen gegenüber schlugen die Argumente einiger weniger Gegner nicht durch, die anführten, man dürfe den Verwaltungsapparat der Stadt nicht ohne Not vergrößern und die Innung werde die Sache genau so gut machen wie die Stadt.

Im Jahre 1884 beschlossen die städtischen Körperschaften, im Süden der Stadt, bei der Bayrischen Bahn, einen Schlachthof mit Viehhof zu bauen. Daß mit dem Schlachthofe ein Viehhof mit regelmäßigen Schlachtviehmärkten verbunden werden müßte, darüber war man von vornherein einig.

Am 12. Juli 1888 wurde die gesamte Anlage, die einen Kostenaufwand von rund 3 900 000 Mk. verursacht hatte, eröffnet. Durch die Erweiterungen, die im Laufe der Zeit ausgeführt worden sind, hat sich das Anlagekapital des Vieh- und Schlachthofes auf rund 9 900 000 Mk. erhöht.

Es finden wöchentlich zwei Schlachtviehmärkte statt. Geschlachtet kann täglich werden. Alles dem Viehhofe zugeführte Vieh wird von Tierärzten auf seinen Gesundheitszustand untersucht und, wenn es krank ist der mit der Anlage verbundenen Sanitätsanstalt überwiesen.

Dasselbe geschieht mit dem Fleische, das vom Beschauamt beanstandet wird. In diesem Amt wird das direkt dem Schlachthofe ohne Berührung des Viehhofes zugeführte Vieh und das in den Stadtbezirk eingeführte frische Fleisch untersucht. Mit der Sanitätsanstalt ist ein Pferdeschlachthaus verbunden, dem 1889 ein Hundeschlachthaus zugefügt worden ist.

Um zu ermöglichen, daß das noch genießbare Fleisch von kranken Tieren, das sogenannte minderwertige Fleisch, unter entsprechender Aufsicht an das Publikum abgegeben werden kann, wurde beim Schlachthofe eine

Freibank

errichtet, die zwei Verkaufsstellen in verschiedenen Stadtteilen unterhält. Der Preis des Fleisches wird hier von einem Tierarzt festgestellt. Das Fleisch darf nur in Stücken bis zu 3 Kilo Schwere und nur zum eigenen Verbrauch des Käufers abgegeben werden. Es können aber auch gesunde Tiere der Freibank zum Verkaufe zugeführt werden.

Der Verkauf erfolgt für Rechnung des Eigentümers durch besonders angestellte Freibankverkäufer, die dafür von der Verwaltung festgesetzte Gebühren erhalten.

Der Verkehr im Vieh- und Schlachthofe und bei der Freibank hat sich seither wie folgt entwickelt:

Der Gesamtauftrieb im Viehhofe betrug:

Jahr	Rinder	Kälber	Schafe	Ziegen	Schweine	Zusammen Tiere
1888	7 935	14 436	16 938	—	26 488	65 797
1890	17 704	34 829	41 266	2	61 100	154 901
1895	23 633	43 913	45 301	9	109 082	221 938
1900	32 317	63 336	52 400	18	155 690	303 761
1905	32 585	60 109	44 349	14	158 392	295 449
1906	32 009	56 560	41 917	10	152 046	282 542
1907	34 715	61 142	45 006	21	193 252	334 136

Verkauft wurden:

Jahr	Rinder	Kälber	Schafe	Ziegen	Schweine	Zusammen Tiere
1888	6 445	14 168	14 623	—	23 012	58 248
1890	16 042	34 758	37 428	2	55 063	143 293
1895	21 052	43 546	41 329	9	101 970	207 906
1900	29 150	62 821	40 592	18	148 614	281 195
1905	29 834	60 006	35 969	14	152 070	277 893
1906	29 272	56 470	33 605	10	147 179	266 536
1907	30 465	61 009	33 738	19	187 543	312 774

Geschlachtet wurden im Schlachthofe:

Jahr	Rinder	Kälber	Schafe	Ziegen	Schweine	Zusammen Tiere
1888	7 828	21 330	15 470	56	25 505	70 189
1890	20 197	51 459	39 323	114	66 623	177 716
1895	22 662	57 382	44 144	203	110 760	235 151
1900	30 758	71 445	54 426	201	157 392	314 222
1905	32 045	68 236	54 772	239	173 711	329 003
1906	32 018	65 076	54 135	196	166 990	318 415
1907	32 622	68 683	51 988	211	198 480	351 984

In der Sanitätsanstalt und im Pferdeschlachthause wurden geschlachtet:

Jahr	Sanitätsanstalt						Pferdeschlachthaus		
	Rinder	Kälber	Schafe	Ziegen	Schweine	Zus.	Pferde	Esel	Hunde
1888	12	16	—	—	70	98	266	—	—
1890	170	30	9	—	144	353	1053	—	103
1895	256	45	10	4	317	632	961	—	24
1900	382	124	237	2	432	1177	1839	—	15
1905	188	118	227	10	542	1085	2772	—	—
1906	140	104	393	5	665	1307	2860	—	—
1907	166	117	430	3	504	1220	2455	1	2

Durch die Freibank wurden verkauft:

Jahr	Minderwertiges Fleisch kg	Bedingt taugliches Fleisch kg	Bedingt taugliches Fett kg	Bankwürdiges Fleisch kg	Zusammen kg
1888	?	?	?	?	70 545,00
1890	?	?	?	?	219 080,25
1895	182 829,65		5 784,50	10 290,50	198 904,65
1900	104 246,00	127 785,50	4 288,00	7 796,50	244 116,00
1905	256 782,54	42 129,65	9 564,70	3 039,07	311 515,96
1906	240 639,25	39 876,65	10 570,90	3 262,07	294 348,87
1907	211 209,73	51 279,52	9 872,50	4 914,47	277 276,22

Die städtische Schlachtviehversicherung.

Auf dem Schlachthofe in Leipzig wurde von Anfang an die Fleischbeschau besonders streng gehandhabt. Das hatte zur Folge, daß sich die Viehmärkte nicht so entwickelten, wie man es im Interesse einer genügenden Fleischversorgung der Stadt wünschen mußte, weil die Händler die Verluste scheuten, die ihnen durch die häufigen Beanstandungen drohten. Um diesem Mangel abzuhelfen, entschloß sich die Stadt im Jahre 1890, eine städtische Schlachtviehversicherung einzurichten. Bei dieser Anstalt mußten alle Rinder und Schweine, die auf dem städtischen Viehhofe zu Markte gestellt wurden, gegen die Verluste versichert werden, die den Eigentümern durch Beanstandung bei der Schlachtviehbeschau entstehen konnten. Am 1. September 1890 begann die Anstalt ihre Tätigkeit.

Im Jahre 1900 wurde gleichzeitig mit der allgemeinen Schlachtvieh- und Fleischbeschau eine staatliche Schlachtviehversicherung eingeführt. Das hatte zur Folge, daß die städtische Versicherungsanstalt umgestaltet werden mußte. Vom 1. Juni 1900 an wurden bei ihr nur noch außersächsische Tiere voll versichert. Dagegen wurde der Versicherungszwang nun auf die dem Schlachthofe direkt zugeführten Tiere ausgedehnt. Außerdem versicherte die Anstalt die sächsischen Tiere insofern weiter, als die staatliche Versicherungsanstalt die Schäden nicht vergütete. Das sind 20 % des Verlustes, da die staatliche Schlachtviehversicherung nur 80 % entschädigt.

Der Einheitlichkeit wegen sind die Geschäfte der staatlichen Schlachtviehversicherung der Verwaltung des Vieh- und Schlachthofes gegen eine besondere Vergütung mit übertragen worden.

Der Verkehr bei der städtischen Versicherungsanstalt hat sich wie folgt gestaltet:

Städtische Schlachtviehversicherung.

Jahr	Versicherte Tiere			Beanstandete Tiere			Gezahlte Entschädigung			
	Rinder	Schweine	zusammen	Rinder	Schweine	zus.	für Rinder Mk.	für Schweine Mk.	für beanstandete Tierteile Rinder Mk.	für beanstandete Tierteile Schweine Mk.
1890	5 513	22 380	27 893	184	261	445	77 744	32 362	1 401	183
1891	18 703	73 805	92 508	795	1091	1886	326 581	119 209	5 002	536
1892	17 772	72 083	89 855	490	796	1286	?	?	?	?
1893	18 291	83 687	101 978	568	977	1545	207 313	107 692	23 797	9 129
1894	19 056	90 292	109 348	611	1226	1837	217 306	131 643	25 058	7 401
1895	19 866	96 635	116 501	659	1127	1786	244 622	111 424	29 711	6 480
1896	21 671	110 394	132 065	716	1460	2176	272 186	130 437	31 860	7 779
1897	24 025	116 799	140 824	765	1502	2267	287 117	155 481	36 977	8 355
1898	26 153	121 525	147 678	776	1666	2442	288 924	182 166	38 446	8 390
1899	27 573	136 035	163 608	778	1918	2696	289 818	190 408	56 551	14 409
1900 Jan—Mai	12 259	63 243	75 502	400	590	990	140 489	53 645	29 905	6 873
Vollversicherung										
1900 Juni—Dez.	12 921	76 048	88 969	307	703	1010	113 903	71 300	30 641	7 639
1901	23 074	123 170	146 244	595	1613	2208	221 214	173 976	s. Ergänzungsversicherung	
1902	22 530	117 648	140 178	605	1354	1959	239 414	156 599	s. Ergänzungsversicherung	
1903	22 743	141 908	164 651	427	929	1356	175 189	92 673	s. Ergänzungsversicherung	
1904	24 454	157 309	181 763	540	857	1397	241 187	80 756	89 192	37 449
1905	25 772	152 503	178 275	658	1041	1699	298 919	118 864	95 538	39 437
1906	24 665	145 968	170 633	630	869	1499	290 005	108 469	93 241	36 033
1907	25 244	177 837	203 081	615	728	1343	276 321	76 563	123 728	37 303
Ergänzungsversicherung sächsischer Tiere										
1900 Juni—Dez.	4 549	15 388	19 937	182	152	334	7 613	2 120	7 170	1 128
1901	7 653	26 260	33 913	313	321	634	13 016	5 344	68 068	16 306 (für Voll- und Ergänzungsversicherung)
1902	8 187	25 345	33 532	279	325	604	11 496	5 630	73 272	21 505 (für Voll- und Ergänzungsversicherung)
1903	7 911	25 043	32 954	189	232	421	6 874	3 034	88 616	27 336 (für Voll- und Ergänzungsversicherung)
1904	7 191	27 797	34 988	152	173	325	5 469	2 049	7 664	3 788
1905	5 959	21 857	27 816	150	183	333	5 192	2 392	7 270	3 356
1906	7 086	21 492	28 578	165	110	275	5 974	1 691	8 222	3 335
1907	7 048	20 857	27 905	150	99	249	6 518	1 282	6 307	3 265

6. Der Lagerhof und die Ratswage.

Der Lagerhof wurde Anfang der 50er Jahre des 19. Jahrhunderts mit einem Kostenaufwande von rund 1 400 000 Mk. errichtet zu dem Zwecke, dem Großhandel die Möglichkeit zu geben, zollpflichtige Güter zur Ausnutzung des Zollkredits, außerdem aber auch nichtzollpflichtige Güter einzulagern. Daß ein solches Institut geschaffen würde, hielt man für nötig, damit die Leipziger Kaufleute gegenüber denen in anderen Handelsplätzen konkurrenzfähig seien.

Der Lagerhof wurde deshalb als ein Unternehmen betrachtet, das den Interessen der Allgemeinheit dient, und deshalb wurde auch davon abgesehen, den Bau und Betrieb einer Erwerbsgesellschaft zu überlassen. Der Lagerhof hat bis zum 30. September 1907 bestanden. Dann mußte das Gebäude beseitigt werden, weil der Platz für den Hauptbahnhof, der gegenwärtig in Leipzig gebaut wird, gebraucht wird. Von der Errichtung eines neuen städtischen Lagerhofes hat man abgesehen, da man zu der Überzeugung gekommen ist, daß es besser sei, wenn der Staat ein Lagerhaus in Verbindung mit den Bahnhofsanlagen errichte, was in Leipzig nun auch geschehen ist.

Auf dem Gelände des Lagerhofes befand sich seit dem Jahre 1884 auch die Ratswage. Diese Ratswage ist schon im Mittelalter errichtet worden. Es bestand für den Handel das Bedürfnis öffentlicher Wagen, die amtliche Wiegescheine ausstellen konnten. Solche öffentliche Wagen aufzustellen, hatte aber nach dem Gesetz nur die Stadt das Recht. Mit der Einführung der Gewerbefreiheit ist dieses Recht dann zwar gefallen, die Ratswage ist aber auch dann beibehalten worden, weil die Interessenten erklärten, daß nach wie vor ein Bedürfnis vorhanden sei. Tatsächlich wurde auch die Wage immer noch stark benutzt.

Im Mai des Jahres 1908 ist sie aber ebenso wie der Lagerhof eingezogen worden, als sie von ihrem alten Standorte wegen der Bahnhofsneubauten entfernt werden mußte, obwohl sich die beteiligten Handelskreise auch jetzt wieder für die Beibehaltung der Wage aussprachen. Die Stadt hat sich entschlossen, als Ersatz einige Besitzer von Privatwagen zur Vornahme amtlicher Wiegungen zu verpflichten und ihnen das Recht zur Ausstellung von Wiegescheinen zu übertragen.

7. Das Eichamt.

Für die Prüfung von Maßen, Wagen und Gewichten bestanden in Leipzig seit altersher Einrichtungen. Ein eigentliches Eichamt wurde aber erst 1858 errichtet und am 14. Juni dieses Jahres eröffnet.

Anlaß dazu war das Gesetz vom 12. März 1858, die Einführung eines allgemeinen Landesgewichtes und einige Bestimmungen über das Maß- und Gewichtswesen im allgemeinen betreffend, das die Eichungen vorschrieb.

Das städtische Eichamt gab nur kurze Zeit Überschüsse, dann erforderte es beträchtliche Zuschüsse, weshalb man im Jahre 1865 dem Eichmeister die Verwaltung auf eigene Rechnung überließ, obgleich das nach der Absicht des Gesetzes zweifellos unzulässig war. Im Jahre 1874 mußte deshalb die Stadt das Eichamt auch wieder übernehmen.

Unterdessen hatten sich die Verhältnisse insofern wesentlich geändert, als nun das Eichwesen durch Reichsgesetz geregelt war, so daß die Eichungen, die das Amt vornahm, nunmehr im ganzen Reiche Geltung hatten, was vorher nicht der Fall gewesen war. Infolgedessen war die Zahl der Eichungen wesentlich in die Höhe gegangen und der Eichmeister hatte nicht unbeträchtliche Überschüsse aus dem Amt herausgewirtschaftet. Solche Überschüsse konnte nun auch die Stadt ziehen. Sie hat im Jahre 1892 z. B. 13 093 Mk. erzielt.

In diesem Jahre ist dann das Amt an den Staat überlassen worden. Dazu sah sich die Stadt gezwungen, weil der Staat unter allen Umständen ein eigenes Amt in Leipzig errichten wollte, wodurch das städtische Amt in seinen Erträgnissen sicher wesentlich beeinträchtigt worden wäre. Die Beamten übernahm der Staat, ebenso die Geräte.

8. Die städtischen Bäder.

Die Stadt Leipzig hat bis in die letzten Jahrzehnte des vorigen Jahrhunderts die Sorge für entsprechende Badeanstalten in der Hauptsache Privatunternehmern überlassen. Erst allmählich hat sich die Überzeugung Bahn gebrochen, daß die so geschaffenen Einrichtungen dem vorhandenen Bedürfnisse nicht genügen und daß es Sache der Stadt sei, hier einzugreifen.

In jüngster Zeit haben sich deshalb die städtischen Körperschaften wiederholt mit der Bäderfrage eingehend beschäftigt, und gegenwärtig liegt den Stadtverordneten eine Ratsvorlage wegen Errichtung eines großen städtischen Vollbades im Norden der Stadt vor. Später sollen dann weitere Bäder errichtet werden.

Es bestehen gegenwärtig drei städtische offene Bäder, von denen eins ein Freibad ist, die andern beiden Bäder sind verpachtet. Weiter bestehen vier städtische Brausebäder, die von der Stadt selbst betrieben werden, und endlich hat die Stadt Leipzig im Jahre 1901 eine geschlossene Badeanstalt, das Zentralbad, angekauft und betreibt sie auf eigene Kosten.

Ein weiteres offenes Bad, das sogenannte Stadtbad ist im Jahre 1907 eingegangen.

Im Zentralbad wurden im Jahre 1907 46 848 Schwimmbäder, 38 952 Wannenbäder, 2281 Dampfbäder genommen. In den Volksbrausebädern badeten zusammen 283 752 Personen. Sonstige Zahlen liegen nicht vor.

9. Die Stadtkellerei.

In das neue Rathaus der Stadt Leipzig, das in den Jahren 1899 bis 1905 erbaut worden ist, wurde auch ein Ratskeller mit eingebaut, dessen Betrieb am 1. Oktober 1904 eröffnet worden ist. In diesem Ratskeller wird nur Wein verschenkt, den die Stadt in eigener Regie angekauft hat. Zu diesem Zwecke eine eigene Stadtkellerei in den Kellern der früheren Pleißenburg, auf deren Gelände das neue Rathaus steht, zu errichten, entschloß sich der Rat deshalb, damit eine Garantie geboten sei, daß im Ratskeller nur reine Weine zu billigen Preisen verschenkt würden. Das im Wege der Verpachtung der großen Bewirtschaftung zu erreichen, hielt der Rat für ausgeschlossen. Außerdem nahm er auch an, daß bei dieser Regelung die Stadt finanziell, trotzdem besserer Wein verschenkt werden würde, noch besser abschließen werde.

Die beteiligten Gewerbetreibenden setzten eine große Agitation gegen den Plan des Rates ins Werk, und auch bei den Stadtverordneten erwuchsen dem Plane viele Gegner. Schließlich wurde aber die Vorlage mit geringer Mehrheit angenommen.

Im Jahre 1902 ist die Stadtkellerei eingerichtet worden; sie wird verwaltet von einem Kellermeister und einer Deputation von drei Ratsmitgliedern, die gemeinschaftlich die Weinankäufe besorgen. Der Wirt des Ratskellers erhält von dem erzielten Umsatz einen Anteil von 20 %. Die Preise, für die der Wein im Ratskeller abgegeben wird, werden vom Rate festgesetzt. Außer an den Ratskeller und den Festsaal des Rathauses wird nur an städtische Anstalten, wie Krankenhäusern, Wein aus der Stadtkellerei abgegeben. Der Weinumsatz der Stadtkellerei hat sich wie folgt gestaltet:

Jahr	Bestand des Weinlagers am 1. Januar (Einkaufspreis) Mk.	Zugekauft wurde für Mk.	Weinumsatz im Ratskeller und im Festsaale (Verkaufspreis) Mk.	Abgabe an städtische Anstalten Mk.
1905	337 351,10	247 491,47	425 894,11	6 587,77
1906	397 043,63	242 693,37	404 205,95	8 151,82
1907	456 647,72	229 629,54	427 158,87	10 496,95

IV.

Die Notstandsarbeiten.

Als infolge der wirtschaftlichen Krise im Winter 1901/02 auch in Leipzig die Zahl der Arbeitslosen einen nicht unbedenklichen Umfang annahm, entschloß man sich, nach dem Vorbilde anderer Städte sogenannte Notstandsarbeiten ausführen zu lassen, um wenigstens einem Teile der Arbeitslosen Beschäftigung zu verschaffen.

Das geschah zunächst vorwiegend in der Weise, daß man Arbeiten, die auch ohnedies nötig waren, anstatt, wie das sonst üblich war, im Sommer, im Winter ausführen ließ. Meist handelte es sich dabei um Ausschachtungs- und sonstige Erdarbeiten bei den städtischen Bauämtern und bei der Gartenverwaltung

Später wurden dann auch Arbeiten als Notstandsarbeiten ausgeführt, die sonst die Stadt überhaupt nicht selbst besorgt hat. Man ließ nämlich Bauplätze, die abgeschachtet werden mußten, wenn sie bebaut werden sollten, selbst abschachten, um sie dann für die Bebauung fertig zu verkaufen.

Die ersten Notstandsarbeiten wurden in eigener Regie ausgeführt. Dabei zeigte sich aber, daß die Kosten für die Stadt nicht unbeträchtlich höher wurden als bei der Vergebung an Unternehmer, in einem Falle 46 % höher. Deshalb entschloß man sich, einen Versuch damit zu machen, daß die Arbeiten an Unternehmer vergeben wurden, so, daß der Unternehmer verpflichtet war, einen bestimmten Prozentsatz — bis 80 % — Arbeitslose zu beschäftigen.

Nachdem man aber in der eigenen Regie etwas mehr Erfahrungen gesammelt hatte, ist man von der Vergebung wieder abgekommen.

Von den Arbeitslosen werden nur solche beschäftigt, die in Leipzig ihren Wohnsitz haben und verheiratet sind oder Angehörige zu unterstützen haben.

Winter	Es wurden beschäftigt Arbeitslose	Die tägliche Arbeitszeit betrug Std.	Der Tagesdurchschnittslohn betrug Mk.	Summe der gesamten Kosten der Arbeiten Mk.
1901/02	299 bis 723	8–10	2,40—3,30	192 295
1902/03	145 „ 383	8— 9	2,16—3,50	51 665
1903/04	270 „ 590	8— 9½	2,50—3,08	89 523
1904/05	30 „ 175	8	2,80—3,04	18 674
1905/06	50 „ 250	9	3,15—3,40	20 803
1906/07	3 „ 109	8	3,15—3,40	17 880

Abgesehen von den vorstehend aufgeführten Arbeiten werden auch von der Kläranlage Arbeitslose als Aushilfsarbeiter beschäftigt, und zwar zum Abkarren von Klärschlamm. Um eigentliche Notstandsarbeiten handelt es sich jedoch dabei nicht, da diese Arbeiten regelmäßig ausgeführt werden müssen.

Drittes Kapitel.

Die finanziellen Ergebnisse der städtischen Betriebe.

Die städtischen gewerblichen Betriebe fordern zum Teil Zuschüsse aus der Stadtkasse, die sich die Stadt durch Steuern oder aus anderen Einnahmequellen verschaffen muß, zum Teil werfen sie Gewinne ab, die sie an die Stadtkasse abliefern können. Die Betriebe zerfallen also in Zuschuß- und Überschußbetriebe.

Zuschußbetriebe sind notwendigerweise alle die, deren Zweck in der Befriedigung eigener Bedürfnisse der Gemeinde besteht, wie z. B. die Straßenreinigung, die Schleusenreinigung, die Unterhaltung der öffentlichen Anlagen und ähnliches, denn hier handelt es sich um reine Ausgabewirtschaften. Es ist zwar nicht ausgeschlossen, daß auch bei solchen Betrieben Einnahmen erzielt werden, z. B. kann die Gartenverwaltung einen Erlös aus dem Verkauf von Obst ziehen. Aber diese Einnahmen beruhen dann auf mehr zufälligen Momenten, und sie sind jedenfalls so geringfügig, daß sie gegenüber den Ausgaben, die der Betrieb erfordert, nicht in Betracht kommen.

Alle anderen Betriebe können an sich Überschußbetriebe sein, da sie der Befriedigung von Bedürfnissen Privater wenigstens mit dienen und dadurch die Möglichkeit gegeben ist, regelmäßige Einnahmen zu erzielen. Sie sind es aber nur zum Teil, nämlich nur so weit, als die Stadt sie vorwiegend mit der Absicht, Gewinn aus dem Betriebe zu ziehen oder wenigstens keine Zuschüsse dafür aufzuwenden, betreibt. Diese Absicht liegt bei manchen solchen Betrieben nicht vor, da handelt es sich vielmehr in der Hauptsache um hygienische und sonstige soziale Absichten, die verfolgt werden. Sie sind ebenfalls Zuschußbetriebe.

Welche Summen nun die Stadt im einzelnen für die Zuschußbetriebe aufzuwenden hat und welche Überschüsse sie aus den anderen Betrieben ziehen kann, das richtet sich natürlich in erster Linie nach dem vorhandenen Bedürfnis und nach den allgemeinen wirtschaftlichen Verhältnissen. Je größer die zu reinigende Straßenfläche ist, desto mehr Kosten werden dafür erwachsen, je größer der Bedarf an Gas bei den privaten Abnehmern der Gasanstalt ist, desto höher kann der Gewinn sein, den die Gasanstalt abwirft. Der Betrieb wird sich teurer oder billiger gestalten, je nachdem die Betriebsmittel teurer oder billiger zu haben sind, oder je nachdem die Arbeitslöhne höher oder niedriger sind. Insoweit hängt also das finanzielle Ergebnis der einzelnen Betriebe von Umständen ab, auf die die Verwaltung keinen Einfluß hat.

Abgesehen aber davon ist die Verwaltung auch in mehr oder minder hohem Maße in der Lage, das finanzielle Ergebnis des einzelnen Betriebes nach ihrem Willen zu gestalten. So hängt das schließliche Ergebnis eines Betriebes natürlich außerordentlich davon ab, in welchem Umfange die Verwaltung Abschreibungen und Rücklagen vornimmt, wobei sie immer einen ziemlichen Spielraum hat. Vor allem aber ist auf das Ergebnis der Einnahmebetriebe von Einfluß die Preispolitik, die die Stadt treibt. Je nachdem mehr soziale Gesichtspunkte bei der Bemessung der Preise in einem Betriebe maßgebend sind, oder mehr reine Erwerbsgesichtspunkte, wird das Ergebnis sich verschieden gestalten.

Die wirtschaftlichen Grundsätze, nach denen die Stadt Leipzig in dieser Beziehung verfahren ist, sind bei den verschiedenen Betrieben verschieden. Sie sind auch im Laufe der Zeit bei vielen Betrieben nicht immer dieselben geblieben. Es sollen deshalb hier die einzelnen Betriebe nach dieser Richtung dargestellt und im Anschluß daran soll für jeden Betrieb gezeigt werden, wie sich das finanzielle Ergebnis gestaltet hat.

I.

Die Überschußbetriebe.

1. Die Betriebe zur gewerblichen Verwertung des Grundbesitzes.

Bei der Darstellung der Entwicklung des städtischen Grundbesitzes ist schon mit darauf hingewiesen worden, daß die Stadt Leipzig nach und nach dazu übergegangen ist, von ihrem bedeutenden Grundbesitze, namentlich von dem im Stadtgebiete selbst, Teile zu verkaufen, besonders, wenn sich das Gelände im Laufe der Zeit in Bauland umgewandelt hatte, und daß sie den Erlös, den sie bei solchen Verkäufen erzielt, meist wieder in Grundstücken anlegt, da sie nach den Bestimmungen der Städteordnung diesen

Erlös nicht zu laufenden Ausgaben verwenden darf. Es hat sich das allmählich zu einem regelrechten städtischen

Grundstückshandel

entwickelt, der mehr und mehr an Umfang zugenommen hat und nach Lage der Sache noch ständig zunehmen muß.

Gegen diesen Handel sind wiederholt Bedenken laut geworden, nicht bloß prinzipieller Natur. Man hat gesagt, die Stadt solle von ihrem Grundbesitze, soweit es irgend möglich sei, nichts verkaufen. Wenn das Gelände für die Bebauung erschlossen werden müsse, solle es die Stadt, wenn sie nicht selbst Häuser bauen wolle, höchstens verpachten, keinesfalls aber das Eigentum aufgeben. Denn man könne nie wissen, ob nicht das Gelände doch noch einmal für die Zwecke der Gemeinde gebraucht werde. Jedenfalls aber könne die Stadt, solange sie im Besitze des Geländes sei, verhüten, daß die Grundstücksspekulation zu sehr um sich greife.

Die Anhänger dieser Auffassung haben aber bisher nur geringe Erfolge erzielt. Abgesehen von einigen unbedeutenden Fällen ist nämlich bisher nur einmal beschlossen worden, von einem Verkaufe abzusehen und das Gelände, das hierbei in Frage kam, auf 100 Jahre nach den Bestimmungen des bürgerlichen Gesetzbuches über das Erbbaurecht in Erbpacht zu geben. Es handelte sich dabei um ein Unternehmen, das zu dem Zwecke ins Leben gerufen worden ist, gute und billige Wohnungen zu schaffen: die Gemeinnützige Baugesellschaft.

Auch in diesem Falle sollte nach dem ursprünglichen Beschlusse des Rates das Gelände zu einem billigen Preise verkauft werden. Es kam zu dem Erbbauvertrage nur, weil sich für den Verkauf bei den Stadtverordneten keine Mehrheit fand, und das wieder lag nicht an einer prinzipiellen Abneigung gegen den Verkauf von städtischem Gelände, wenigstens nicht bei allen Stadtverordneten, sondern daran, daß man Unternehmen nicht unterstützen wollte, die dem Stande der Hausbesitzer Konkurrenz machen.

Auch die Vorlage wegen der Vergebung des Geländes in Erbpacht wurde nur mit ganz geringer Mehrheit angenommen. Der Vertrag ist im Jahre 1902 abgeschlossen worden. Es sind darnach der Gesellschaft rund 125 000 qm städtisches Gelände mit Einschluß des zu den Straßen und Plätzen notwendigen gegen einen mäßigen Zins überlassen worden.

Über den Umfang des Grundstückshandels der Stadt Leipzig und über den Umfang der Geschäfte des Johannishospitals, die auch hier nicht unerwähnt bleiben sollen, werden seit dem Jahre 1885 Zahlen veröffentlicht, die in den folgenden Tabellen zusammengestellt sind. Man sieht daraus, daß es der Grundlage nicht entbehrt, wenn in der letzten Zeit öfter gesagt worden ist, daß die Stadt Leipzig die größte Grundstückshändlerin in Leipzig sei.

Jahr	Die Stadt Leipzig verkaufte und veräußerte durch Tausch					
	in Leipzig		außerhalb		zusammen	
	qm	für Mk.	qm	für Mk.	qm	für Mk.
1885	75 206,38	1 268 281,65	215 620,35	—	290 826,73	1 268 281,65
1886	27 712,79	1 529 087,10	9 925,00	18 800,00	37 637,79	1 547 887,10
1887	167 727,00	3 846 602,40	156,00	1 020,00	167 883,00	3 847 622,40
1888[1]						
1889	28 014,41	1 020 175,61	50,00	1 425,00	28 064,41	1 021 600,61
1890	19 081,56	571 673,41	2 384,00	6 005,45	21 465,56	577 678,86
1891	31 898,35	354 486,16	4,18	—	31 902,53	354 486,16
1892	29 614,20	1 069 283,81	—	—	29 614,20	1 069 283,81
1893	49 059,89	2 355 350,41	244 840,00	63 500,00	293 899,89	2 418 850,41
1894	32 358,20	2 215 664,10	—	—	32 358,20	2 215 664,10
1895	75 301,03	2 052 475,40	530 330,00	226 560,22	605 631,03	2 279 035,62
1896	72 487,10	1 514 350,36	4 686,00	—	77 173,10	1 514 350,36
1897	29 729,93	1 085 254,91	—	—	29 729,93	1 085 254,91
1898	352 056,14	10 614 008,85	412,50	618,75	352 468,64	10 614 627,60
1899	61 755,16	856 076,10	121 009,70	284 038,80	182 764,86	1 140 114,90
1900	141 908,57	3 211 001,45	3 092,46	9 913,18	145 001,03	3 220 914,63
1901	28 897,61	808 396,90	12,00	240 00	28 909,61	808 636,90
1902	83 240,57	1 106 971,70	—	—	83 240,57	1 106 971,70
1903	73 290,91	2 850 788,62	1 708,40	10 250,40	74 999,31	2 861 039,02
1904	23 819,80	1 788 940,95	—	—	23 819,80	1 788 940,95
1905	14 059,00	529 680,90	—	—	14 059,00	529 680,90
1906	35 807,00	2 179 732,30	79 142,00	1 999 944,97	114 949,00	4 179 677,27
1907	34 041,00	1 207 756,40	—	—	34 041,00	1 207 756,40
Summe	1 487 066,60	44 036 039,49	1 213 372,59	2 622 316,77	2 700 439,19	46 658 356,26

[1] Für 888 liegen keine Veröffentlichungen vor.

Jahr	Sie kaufte und erwarb durch Tausch					
	in Leipzig		außerhalb		zusammen	
	qm	für Mk.	qm	für Mk.	qm	für Mk.
1885	135 748,06	734 944,22	484 874,29	115 100,00	620 622,35	850 044,22
1886	7 938,43	2 287 594,71	6 515,49	5 243,37	14 453,92	2 292 838,08
1887	3 045,00	741 490,00	7 010,00	3 071,44	10 055,00	744 561,44
1888[1]						
1889	4 334,78	764 884,60	386 101,50	199 790,92	390 436,28	964 675,52
1890	7 662,85	917 448,00	382 653,20	100 248,76	390 316,05	1 017 696,76
1891	65 381,94	1 232 189,54	22 514,86	—	87 896,80	1 232 189,54
1892	13 628,75	103 644,00	750 657,34	541 997,55	764 286,09	645 641,55
1893	223 182,93	1 427 714,36	788 150,00	574 221,46	1 011 332,93	2 001 935,82
1894	150 705,18	1 269 025,64	86 971,61	39 030,87	237 676,79	1 308 056,51
1895	575 972,85	5 175 102,26	103 905,00	43 543,32	679 877,85	5 218 645,58
1896	442 825,80	2 085 775,21	172 412,50	255 574,84	615 238,30	2 341 350,05
1897	36 317,90	2 883 779,20	89 722,00	161 743,76	126 039,90	3 045 522,96
1898	316 513,91	2 874 602,55	393 815,82	186 475,72	710 329,73	3 061 078,27
1899	439 013,28	2 258 473,65	717 873,00	367 370,83	1 156 886,28	2 625 844,48
1900	27 649,39	1 017 287,77	982 828,54	588 937,28	1 010 477,93	1 606 225,05
1901	82 156,24	2 425 334,01	698 450,00	143 950,00	780 606,24	2 569 284,01
1902	200 377,50	2 688 482,65	325 050,00	458 867,50	525 427,50	3 147 350,15
1903	54 516,70	1 404 619,38	165 483,00	462 129,18	219 999,70	1 866 748,56
1904	405 892,90	5 429 345,70	609 703,10	399 197,66	1 015 596,00	5 828 543,36
1905	179 476,30	1 818 394,24	576 600,90	354 747,88	756 077,20	2 173 142,12
1906	456 713,30	7 063 942,00	7 976 830,00	5 960 767,03	8 433 543,30	13 024 709,03
1907	84 248,80	688 412,45	189 218,00	315 466,50	273 466,80	1 003 878,95
Summe	3 913 302,79	47 292 486,14	15 917 340,15	11 277 475,87	19 830 642,94	58 569 962,01

[1] Für 1888 liegen keine Veröffentlichungen vor.

Jahr	Das Johannishospital verkaufte und veräußerte durch Tausch					
	in Leipzig		außerhalb		zusammen	
	qm	für Mk.	qm	für Mk.	qm	für Mk.
1885	25 642,75	101 653,20	88,70	—	25 731,45	101 653,20
1886	—	—	10 058,48	81 350,64	10 058,48	81 350,64
1887	88 109,00	621 875,20	17 144,00	638 415,03	105 253,00	1 260 290,23
1888[1]						
1889	10 609,54	420 301,74	10 284,04	26 730,06	20 893,58	447 031,80
1890	1 043,90	67 853,50	—	—	1 043,90	67 853,50
1891	10 138,82	364 178,69	—	—	10 138,82	364 178,69
1892	14 959,86	417 936,15	—	—	14 959,86	417 936,15
1893	13 850,13	422 405,55	—	—	13 850,13	422 405,55
1894	94 413,98	302 141,71	—	—	94 413,98	302 141,71
1895	4 404,32	61 876,90	—	—	4 404,32	61 876,90
1896	50 849,20	350 416,80	99 874,00	186 785,84	150 723,20	537 202,64
1897	5 021,66	219 424,80	—	—	5 021,66	219 424,80
1898	28 573,66	1 112 623,77	1 670,00	—	30 243,66	1 112 623,77
1899	12 869,20	344 245,65	—	—	12 869,20	344 245,65
1900	11 705,61	624 802,98	—	—	11 705,61	624 802,98
1901	24 050,20	751 038,93	232,03	50,00	24 282,23	751 088,93
1902	40 315,50	1 460 172,70	—	—	40 315,50	1 460 172,70
1903	43 765,00	589 084,52	5 575,00	1 300,00	49 340,00	590 384,52
1904	43 823,30	436 472,70	3 591,90	1 835,11	47 415,20	438 307,81
1905	50 022,80	1 175 854,70	—	—	50 022,80	1 175 854,70
1906	40 201,90	1 039 379,90	—	—	40 201,90	1 039 379,90
1907	4 404,90	333 770,00	—	—	4 404,90	333 770,00
Summe	618 775,23	11 217 510,09	148 518,15	936 466,68	767 293,38	12 153 976,77

[1] Für 1888 liegen keine Veröffentlichungen vor.

Jahr	Das Johannishospital kaufte und erwarb durch Tausch					
	in Leipzig		außerhalb		zusammen	
	qm	für Mk.	qm	für Mk.	qm	für Mk.
1885	—	—	178 728,26	—	178 728,26	—
1886	—	—	3 278,96	—	3 278,96	—
1887	—	—	—	—	—	—
1888[1]						
1889	—	—	68 180,00	206 533,25	68 180,00	206 533,25
1890	—	—	2 637 560,00	931 520,33	2 637 560,00	931 520,33
1891	8 262,20	145 101,25	1 066 483,00	305 000,00	1 074 745,20	450 101,25
1892	5 408,40	10 500,00	1 962,00	11 352,00	7 370,40	21 852,00
1893	1 725,60	58 000,00	454 890,00	186 000,00	456 615,60	244 000,00
1894	—	—	223 890,00	307 561,26	223 890,00	307 561,26
1895	98 135,00	181 150,00	47 390,60	39 468,17	145 525,60	220 618,17
1896	78 769,00	75 000,00	4 686,00	—	83 455,00	75 000,00
1897	127 030,00	260 400,00	599 440,00	225 055,00	726 470,00	485 455,00
1898	149 474,00	676 260,00	66 930,00	163 475,00	216 404,00	839 735,00
1899	80,00	—	676 887,00	300 286,57	676 967,00	300 268,57
1900	29 555,95	355 585,00	495 065,73	265 100,57	524 621,68	620 685,57
1901	9 520,00	108 672,50	566 522,27	259 725,00	576 042,27	368 397,50
1902	13 448,80	249 990,00	909 520,00	662 138,83	922 968,80	912 128,83
1903	43 340,00	221 700,00	2 522 831,00	1 118 250,99	2 566 171,00	1 339 950,99
1904	84 800,00	538 700,00	1 314 259,00	633 144,00	1 399 059,00	1 171 844,00
1905	1 606,00	—	1 089 873,70	556 332,72	1 091 479,70	556 332,72
1906	157 821,30	1 471 155,73	949 100,00	690 451,93	1 106 921,30	2 161 607,66
1907	—	—	194 638,40	107 597,40	194 638,40	107 597,40
Summe	808 976,25	4 352 214,48	14 072 115,92	6 968 993,02	14 881 092,17	11 321 207,50

[1] Für 1888 liegen keine Veröffentlichungen vor.

Die Verkäufe geschehen nicht alle in der Absicht, Gewinne damit zu erzielen, vielmehr wird der Preis in manchen Fällen nach anderen Rücksichten bestimmt, z. B. gibt die Stadt wohl an gemeinnützige Unternehmungen Gelände unter dem üblichen Preise ab. Im allgemeinen aber werden die Grundstücke im Wege der Versteigerung veräußert, es wird also ein möglichst hoher Gewinn bei den Verkäufen erstrebt.

Wie hoch diese Gewinne waren, dafür fehlt es bis zum Jahre 1894 an jedem Anhalt, da über die einzelnen Geschäfte, insbesondere über die Ankaufspreise, die die Stadt aufgewendet hatte, keine Veröffentlichungen vorliegen.

Auch jetzt sind genaue Feststellungen in dieser Beziehung nicht möglich, aber soweit es sich um städtisches Gelände handelt, ist wenigstens ein Anhalt zu einer Schätzung gegeben. Es wurde nämlich im Jahre 1894 beschlossen, in Zukunft ein fünfzehntel des bei Veräußerungen erzielten Kaufpreises für unbebaute Grundstücke zur Deckung laufender Ausgaben zu verwenden und zu diesem Zwecke einem zu gründenden Stadterweiterungsfonds zuzuführen, der die Mittel zur Durchführung von Verkehrsverbesserungen und ähnlichem liefern sollte. Dies erschien deshalb durchaus gerechtfertigt, weil ja die Gewinne, die bei den Grundstücksverkäufen erzielt wurden, zum Teil mit auf die Verkehrsverbesserungen, die die Stadt geschaffen hatte, zurückzuführen waren.

Die staatliche Aufsichtsbehörde genehmigte damals aber nur, daß von den bei den Verkäufen erzielten Gewinnen 25 % dem Stadterweiterungsfonds zugeführt wurden, und auch dies nur bis zu einer Gesamthöhe von 500 000 Mk. Diese Zuführung hat dann in den Jahren 1894 bis 1897 stattgefunden und in derselben Weise sind in den Jahren 1900 bis 1904 weitere 1 000 000 Mk. an den Stadterweiterungsfonds geflossen.

Auch in den Jahren 1906 bis 1915 soll das wieder geschehen, doch liegen bis jetzt Veröffentlichungen über die Summen, die seit 1906 an den Stadterweiterungsfonds gekommen sind, nicht vor.

In den Jahren 1894 bis 1897 hat also der bei den Grundstücksverkäufen erzielte Gewinn mindestens 2 000 000 Mk., 1900 bis 1903 mindestens 4 000 000 Mk. betragen.

Die städtischen Waldungen

werden von der Stadt selbst nach den Grundsätzen der rationellen Forstwirtschaft verwaltet. Nur soweit die Waldungen im Stadtgebiete selbst und unmittelbar daran liegen, hat sich das in den letzten Jahren etwas geändert, weil diese Teile der Waldungen mehr und mehr den Charakter öffentlicher Parkanlagen angenommen haben. Man hat deshalb hier nicht mehr rein forstwirtschaftliche Gesichtspunkte maßgebend sein lassen können, namentlich bei dem Holzschlagen. Es werden in diesen Teilen der Wälder nur noch Bäume gefällt, die andere im Wachstum hindern, krank sind, oder bei denen sonst zwingende Gründe vorliegen. Der Holzgewinnung wegen wird nicht geschlagen. Man hat aus diesen Gründen diese Teile der Wälder in den letzten Jahren überhaupt von der Forstverwaltung abgetrennt und sie der städtischen Gartenverwaltung unterstellt.

Die Erträgnisse der städtischen Waldungen haben sich in den letzten Jahren wie folgt gestaltet:

Jahr	Einnahmen Mk.	Ausgaben Mk.	Überschüsse Mk.
1880	111 032,93	40 873,32	70 159,61
1890	125 201,87	57 920,63	67 281,24
1895	90 872,17	54 315,17	36 557,00
1900	62 103,10	49 046,59	13 056,51
1901	64 264,42	51 665,67	12 598,75
1902	67 957,91	54 324,42	13 633,49
1903	69 958,58	53 924,04	16 034,54
1904	71 032,10	54 768,93	16 263,17
1905	68 487,56	54 375,28	14 112,28
1906	78 180,29	58 256,63	19 923,66
1907[1]	85 283,68	59 678,77	25 604,91

Der landwirtschaftlich benutzte Grundbesitz,

insbesondere die Rittergüter, die sonstigen Güter und die Wiesen und Triften, ferner die Jagd und Fischerei sind verpachtet. Die Verpachtung geschieht meist im Wege der Ausschreibung.

Die Wohnhäuser

und die sonstigen bebauten Grundstücke der Stadt, ebenso die einzelnen Räume in städtischen Grundstücken, soweit sie für die Verwaltung nicht in Betracht kommen, werden vermietet.

Welche finanziellen Ergebnisse die Stadt durch diese Verwertung städtischen Grundbesitzes erzielt, läßt sich auf Grund der veröffentlichten Stadtrechnungen und der Verwaltungsberichte ganz einwandfrei nicht feststellen. Es wird nämlich über diese Grundstücke nicht allenthalben gesondert Buch geführt, vielmehr sind die Einnahmen und Ausgaben mancher Grundstücke

[1] Das Rechnungsjahr 1907 umfaßt den 1. Oktober 1906 bis 31. Dezember 1907. Die früheren Jahre stimmen mit dem Forstjahr 1. Oktober bis 30. September überein.

in anderen Konten der Rechnungen mit enthalten. So fließen z. B. die Erträgnisse des umfangreichen Geländes, das für die Zwecke des Wasserwerkes angekauft worden ist, dem Konto des Wasserwerks zu und dieses Konto deckt auch die Ausgaben. Dann sind im Rosentale einige Grundstücke zu Gastwirtschaftszwecken verpachtet, die beim Konto „Waldungen" mit geführt werden, und es ließen sich derartige Fälle noch eine ganze Reihe anführen.

Die folgenden Tabellen geben deshalb ein Bild über die wirtschaftlichen Ergebnisse des vermieteten und verpachteten Grundbesitzes nur soweit er in der Rechnung in besonderen Konten erscheint.

Es haben erzielt:

1. Die Rittergüter.

Jahr	Einnahmen Mk.	Ausgaben Mk.	Überschüsse Mk.
1880	96 317,90	15 316,99	81 000,91
1890	147 370,58	43 100,74	104 269,84
1895	142 305,00	31 415,66	110 889,34
1900	144 738,28	41 616,67	103 121,61
1901	145 692,40	46 222,04	99 470,36
1902	142 239,24	43 454,25	98 784,99
1903	140 744,52	38 923,91	101 820,61
1904	140 017,23	37 926,87	102 090,36
1905	139 907,17	42 963,82	96 943,35
1906	142 829,19	32 964,99	109 864,20
1907	145 566,17	33 070,82	112 495,35

2. Der sonstige Grundbesitz, soweit er nicht bebaut ist.

Jahr	Einnahmen Mk.	Ausgaben Mk.	Überschüsse Mk.
1880	93 137,30	6 382,03	86 755,27
1890	84 919,98	9 123,86	75 796,12
1895	107 838,77	10 590,96	97 247,81
1900	148 202,17	27 565,06	120 637,11
1901	195 202,84	20 559,63	174 643,21
1902	192 158,34	28 388,75	163 769,59
1903	180 511,24	22 551,55	157 959,69
1904	184 302,95	22 558,93	161 744,02
1905	195 407,51	21 916,98	173 490,53
1906	201 040,63	18 491,81	182 548,82
1907	208 752,16	24 749,67	184 002,49

3. Jagden und Fischerei.

Jahr	Einnahmen Mk.	Ausgaben Mk.	Überschüsse Mk.
1880	2 841,74	916,76	1 924,98
1890	5 224,28	1 557,43	3 666,85
1895	6 634,08	3 170,62	3 463,46
1900	5 129,68	1 429,51	3 700,17
1901	6 067,13	2 629,27	3 437,86
1902	5 917,47	2 532,21	3 385,26
1903	5 603,13	1 886,37	3 716,76
1904	6 067,34	2 190,72	3 876,62
1905	5 937,80	1 930,15	4 007,65
1906	6 584,97	2 298,80	4 286,17
1907[1]	7 295,58	3 270,01	4 025,57

4. Die Gebäude.

Jahr	Einnahmen Mk.	Ausgaben Mk.	Überschüsse Mk.
1880	758 225,47	140 085,70	618 139,77
1890	1 007 471,11	84 785,03	922 686,08
1895	1 279 972,83	120 868,86	1 159 103,97
1900	1 547 242,41	220 145,56	1 327 096,85
1901	1 587 734,46	219 561,96	1 368 172,50
1902	898 982,65	200 723,42	698 259,23
1903	924 530,62	200 121,24	724 409,38
1904	935 664,49	210 064,41	725 600,08
1905	942 694,56	243 942,45	698 752,11
1906	909 837,91	211 286,25	698 551,66
1907	891 280,86	216 106,07	675 174,79

5. Dieser Grundbesitz und die Waldungen zusammen.

Jahr	Einnahmen Mk.	Ausgaben Mk.	Überschüsse Mk.
1880	1 061 555,34	203 574,80	857 980,54
1890	1 370 187,82	196 487,69	1 173 700,13
1895	1 627 622,85	220 361,27	1 407 261,58
1900	1 907 415,64	339 803,39	1 567 612,25
1901	1 998 961,25	340 638,57	1 658 322,68
1902	1 307 255,61	329 423,05	977 832,56
1903	1 321 348,09	317 407,11	1 003 940,98
1904	1 337 084,11	327 509,86	1 009 574,25
1905	1 352 434,60	365 128,68	987 305,92
1906	1 338 472,99	323 298,48	1 015 174,51
1907	1 338 178,45	336 875,34	1 001 303,11

[1] Das Rechnungsjahr 1907 umfaßt den 1. September 1906 bis 31. Dezember 1907. Die übrigen Jahre stimmen mit dem Jagdjahr 1. September bis 31. August überein.

Endlich zieht die Stadt aus dem städtischen Grundbesitze, insbesondere den öffentlichen Straßen und Plätzen

Platz- und Standgelder

als Entschädigung für die Überlassung von Plätzen zu Marktzwecken, zur Aufstellung von Droschken und anderen Geschirren, zur Aufstellung von Plakatsäulen usw.

Für die Zwecke der schon mehrfach erwähnten Messen ist jetzt ein besonderer Platz vorhanden, da die Straßen und Plätze der Stadt, die früher auch der Messe dienten, den Verkehr nicht mehr aufzunehmen vermochten. Die Einnahmen, die dieser Meßplatz liefert, sind hier mit aufgeführt. Ferner sind mit verzeichnet die Einnahmen, die die Stadt Leipzig bis zum Jahre 1900 aus der Vermietung von Verkaufsbuden bei Messen und Märkten zog. Es ist schon erwähnt worden, daß dieser Regiebetrieb mit dem Jahre 1900 eingestellt worden ist, weil kein Bedürfnis mehr vorlag.

Die Räume, Plätze und Meßbuden haben ergeben:

Jahr		Einnahmen Mk.	Ausgaben Mk.	Überschüsse Mk.
1880	Räume und Plätze	69 825,45	7 492,12	62 333,33
	Buden	71 520,00	36 102,62	35 417,38
	Zusammen	141 345,45	43 594,74	97 750,71
1890	Räume und Plätze	42 365,50	17 182,41	25 183,09
	Buden	57 329,13	3 574,28	53 754,85
	Zusammen	99 694,63	20 756,69	78 937,94
1895	Räume und Plätze	45 194,57	2 591,32	42 603,25
	Buden	19 940,00	14 541,33	5 398,67
	Zusammen	65 134,57	17 132,65	48 001,92
1900	Räume und Plätze	48 004,33	2 485,89	45 518,44
	Buden	5 562,00	4 724,62	837,38
	Zusammen	53 566,33	7 210,51	46 355,82
1901		56 066,73	2 338,56	53 728,17
1902		63 263,64	2 674,78	60 588,86
1903		63 103,06	3 964,63	59 138,43
1904		60 512,25	4 181,36	56 330,89
1905		57 791,51	4 958,46	52 833,05
1906		61 563,58	18 044,90	43 518,68
1907		133 406,58	19 602,34	113 804,24

2. Die Gasanstalten.

Die Gasanstalt ist von der Stadtverwaltung von vornherein als gewinnbringendes Unternehmen betrachtet worden, denn bei den Erörterungen der Frage, ob man eine solche Gasanstalt errichten solle oder nicht, wurde von Anfang an ausdrücklich hervorgehoben, daß zwar durch die Einführung der Gasbeleuchtung höhere Kosten für die Stadt entstehen würden als 7700 Taler, was zuletzt für die Ölbeleuchtung aufzuwenden gewesen war, daß aber begründete Aussicht bestehe, nicht nur diese Mehrkosten durch Abgabe von Gas an Private zu decken, sondern auch noch Überschüsse für die Stadtkasse zu erzielen.

An dieser grundsätzlichen Auffassung hat sich im Laufe der Jahre nichts geändert. Es ist im Gegenteil der Erwerbsgesichtspunkt immer mehr in den Vordergrund getreten. Namentlich in jüngster Zeit, wo sich die Bedürfnisse der Stadt und damit die durch Steuern aufzubringenden Summen sehr vermehrt haben, ist wiederholt betont worden, daß man bestrebt sein müsse, aus den Anlagen der Stadt, insbesondere aus den Gasanstalten möglichst hohe Überschüsse herauszuwirtschaften. Nur vereinzelt ist der Auffassung Ausdruck gegeben worden, daß die kommunalen Anstalten doch nicht lediglich unter dem Gesichtspunkte betrieben werden dürften, den Steuersatz niedrig zu halten, sondern daß hierbei vor allem im Auge zu behalten sei, daß die Vorteile, die namentlich die Gasanstalten bringen, allen Bevölkerungsschichten, auch den Besitzlosen, nach Möglichkeit vermittelt werden.

Der Gaspreis für Private wurde auf Grund einer Schätzung über den Verbrauch und die wahrscheinlichen Erzeugungskosten zunächst auf 3 Taler für einen Kubikfuß, also auf etwa 36 Pf. für den Kubikmeter festgesetzt, worauf ein Rabatt von 1/6 gewährt wurde. Dieser hohe Preis hat dann starken Schwankungen unterlegen, im allgemeinen aber ist er bis in die Gegenwart ständig gesunken.

Mit der Einführung des Metermaßes im Jahre 1872 wurde er auf 21 Pf. für den Kubikmeter, vom 1. April 1873 an aber auf 22 Pf. für den Kubikmeter festgesetzt. An Rabatt wurde nunmehr gewährt:

2 %	bei einem	Jahresverbrauch	von	5 000—10 000	cbm
3 %	"	"	"	10 001—20 000	"
4 %	"	"	"	20 001—30 000	"
5 %	"	"	"	30 001 und mehr	"

Die Erträgnisse der Gasanstalten waren nach Einführung dieses Preises außerordentlich günstig, weil in den 70er Jahren die Kohlenpreise wesentlich sanken. Es wurde deshalb im Jahre 1877 eine Herabsetzung des Preises angeregt, doch blieb man damals bei den hohen Preisen, weil es besser sei, die Überschüsse der Gasanstalten nicht den Konsumenten, sondern den Steuerzahlern zugute kommen zu lassen. Der Auffassung, der im Jahre 1879 Ausdruck gegeben wurde, daß nämlich die hohen Preise nur eine

Doppelbesteuerung darstellten, wurde damit begegnet, daß der Gasverbrauch in gewissen Fällen Luxus sei. Außerdem wurde gegen eine Herabsetzung der Gaspreise angeführt, daß sich die günstigen Ergebnisse der Anstalt bald wieder ändern könnten, dann aber eine Erhöhung des Tarifes sehr schwierig sein werde.

Erst 1885 kam es zu einer weiteren Herabsetzung des Gaspreises, aber nur für Gas zu gewerblichen Zwecken, zum Heizen und Kochen, und zwar auf 18 Pf. für den Kubikmeter. Als Grund für diese Herabsetzung führte der Rat an, daß die Industrie dringend billiger motorischer Kraft bedürfe, wenn sie konkurrenzfähig bleiben solle.

Schon im nächsten Jahre wurde dieser Preis für Motorgas weiter um 3 Pf. ermäßigt, außerdem wurde nun zugelassen, daß an die Motorleitung eine Flamme zur Beleuchtung bei Benutzung des Motors oder der Arbeitsmaschine mit angeschlossen wurde.

Diese Ermäßigung hatte aber nun ganz andere Gründe als die im Jahre 1885. Jetzt sollte nämlich durch die Herabsetzung des Preises eine Erhöhung des Konsums erreicht werden, die man für erforderlich hielt, wenn die Gasanstalt dauernd gute Erträgnisse abwerfen sollte. Es war nämlich ein Rückgang der Überschüsse zu befürchten, weil bedeutende Erweiterungsbauten und insbesondere die Errichtung einer zweiten Gasanstalt notwendig gewesen waren, die natürlich hohe Kosten verursacht hatten. Außerdem begann damals die elektrische Beleuchtung der Gasanstalt Konkurrenz zu machen. Man hoffte auch, daß die Herabsetzung des Preises für Motorgas insofern für die Anstalt günstig sein werde, als die Motore das Gas vielfach am Tage brauchen, wodurch die Möglichkeit gegeben ist, die vorhandene Anlage besser auszunutzen.

Um den Gaskonsum zu steigern, beschloß man damals auch eine Ausstellung von Beleuchtungsgegenständen und von Heizungs- und Kochapparaten einzurichten, um Interessenten die Vorteile solcher Gasverbrauchsgegenstände möglichst eindringlich vor Augen führen zu können.

Auch eine Herabsetzung der Gaspreise überhaupt wurde bei dieser Gelegenheit angeregt, doch fürchtete man davon zu große Ausfälle. Schon nach zwei Jahren gab man aber diesen ablehnenden Standpunkt auf, als der Rat eine Vorlage an die Stadtverordneten brachte, vom 1. Januar 1889 an den Gaspreis für Beleuchtungszwecke auf 20 Pf. und vom 1. Januar 1890 an auf 18 Pf. für den Kubikmeter zu ermäßigen.

Es war hauptsächlich die Konkurrenz des Petroleums, die zu der Ermäßigung veranlaßte. Außerdem aber wurde hervorgehoben, daß die Gaspreise im Verhältnis zu anderen Städten sehr hoch seien.

Endlich folgte dann im Jahre 1896 eine Herabsetzung des Preises für Motorgas von 15 Pf. auf 12 Pf., die wiederum damit begründet wurde, daß man darauf bedacht sein müsse, den Gasverbrauch zu vermehren, daß dazu aber eine Herabsetzung des Preises erforderlich sei, namentlich mit Rücksicht auf das Elektrizitätswerk, das damals errichtet worden war.

Verschiedene Stadtverordnete traten auch jetzt wieder lebhaft dafür ein, auch den Preis für das Gas zu Beleuchtungszwecken noch weiter herabzusetzen, besonders auch, um dem kleinen Manne die Gasbeleuchtung zu ermöglichen, und bei den Beratungen über den Haushaltplan der Gasanstalt im folgenden Jahre beantragte ein Stadtverordneter, den Rat zu ersuchen, den Gaspreis möglichst auf 15 Pf. für den Kubikmeter herabzusetzen. Der Antrag wurde aber abgelehnt, wiederum, weil man einen zu großen Einnahmeausfall befürchtete und weil außerdem der Rat nunmehr ausführte, daß die Gaspreise in Leipzig verhältnismäßig nicht zu hoch seien. Wenn sie etwas höher seien, als in manchen anderen Städten, so sei das darauf zurückzuführen, daß in Leipzig wegen der teuren Fracht wesentlich höhere Summen für die Kohlen ausgegeben werden müßten.

So ist es bei den Gaspreisen von 18 und 12 Pf. und bei den Rabatten, die man im Jahre 1871 festgesetzt hatte, geblieben.

Es hat zwar auch seit dem Jahre 1896 nicht an Anregungen gefehlt wegen Abänderung der Gaspreise, besonders wurde im Jahre 1906 eingehend über eine Eingabe eines Bürgervereins verhandelt, der beantragt hatte, einen Einheitspreis einzuführen, da es der bestehende Doppelpreis dem kleinen Gaskonsumenten überhaupt unmöglich mache, Gas zu beziehen. Denn 18 Pf. für den Kubikmeter Gas sei zu viel, wenn das Gas zum Kochen und Heizen verwendet werden solle. Wolle man aber für seine Küche das Gas zu dem billigen Preise von 12 Pf. beziehen, so müsse man zwei Leitungen legen lassen und zwei Gasmesser aufstellen, wodurch die Ersparnis wieder aufgehoben werde.

Der Rat führte dazu aus, daß der Gaspreis von 18 Pf. für den Kubikmeter unmöglich als zu hoch bezeichnet werden könne, da sonst der Gasverbrauch nicht in der Weise zugenommen haben würde, als dies tatsächlich geschehen sei. Wolle man aber einen Einheitspreis von etwa 15 Pf. einführen, so würde das für die Stadt einen bedeutenden Einnahmeausfall zur Folge haben, nach den Rechnungsergebnissen des Jahres 1904 rund 258 000 Mk., wobei noch nicht berücksichtigt sei, daß eine Erhöhung des Preises für Motorbetriebe usw. von den Interessenten schwerlich ruhig hingenommen werden würde. Einen wirklichen Vorteil würden nur Konsumenten haben, die das Gas nur zu Beleuchtungszwecken beziehen. Dazu sei aber hervorzuheben, daß die Gasbeleuchtung bei einem Preise von 18 Pf. immer noch die billigste von allen bestehenden Beleuchtungsarten sei.

Bei den Stadtverordneten wurde betont, daß eine Herabsetzung des Preises gerade jetzt nicht gut möglich sei, da eben erst das Elektrizitätswerk in städtische Regie übernommen worden sei und man doch erst abwarten müsse, ob damit ein günstiges Resultat erzielt werde, ehe man sich andere Einnahmequellen beschneide. Ob sich der Konsum infolge der Herabsetzung steigern werde, wie man behaupte, sei doch mindestens nicht sicher.

Man ließ die Eingabe auf sich beruhen und lehnte auch einen Antrag ab, der dahin ging, wenigstens für kleine Abnehmer eine Herabsetzung des Leuchtgases einzuführen.

Im nächsten Jahre wurde wiederum über den Einheispreis verhandelt. Da führte der Rat aus, daß der Zeitpunkt für eine Preisänderung jetzt noch ungünstiger sei als früher, da unterdes die Kohlenpreise ganz außerordentlich in die Höhe gegangen seien; außerdem sei jetzt eine Erhöhung des Gasverbrauchs durchaus nicht erwünscht, da infolge der Übernahme eines Teiles des Versorgungsgebietes der Thüringer Gasgesellschaft die städtischen Gasanstalten fast bis zur Grenze ihrer Leistungsfähigkeit angespannt seien und die Erweiterungsbauten, die im Gange seien, noch einige Zeit dauern würden. Eine Verbilligung des Gasverbrauches sei außerdem nunmehr eingetreten durch die beträchtliche Herabsetzung der Prüfungsgebühren für die Verbrauchsanlage, die jetzt eingeführt werde.

Bei dieser Gelegenheit wurde schließlich dem Rate zur Erwägung anheim gegeben, für kleine Gasabnehmer einen Preis von 15 Pf. für den Kubikmeter einzuführen, bisher ist aber der Rat darauf nicht eingegangen.

Auch zur Einführung von Gasautomaten, die wiederholt angeregt worden ist, um auch kleineren Abnehmern den Anschluß möglich zu machen, und auch, um die Arbeiten der Kassenverwaltung der Anstalten zu verringern, ist es bisher noch nicht gekommen. Im Jahre 1903 erklärte der Vertreter des Rates bei den Stadtverordneten, daß die Frage der Einführung von Gasautomaten ständig im Auge behalten werde, daß man aber dazu bisher keine Veranlassung gehabt habe, weil sich der Gasverbrauch in Leipzig schon so ständig ganz bedeutend vermehrt habe, so daß die Anforderungen an die Gasanstalten unaufhörlich gewachsen seien, ein Bedürfnis könne also wohl nicht anerkannt werden. Abgesehen davon aber sei es doch auch noch nicht ganz sicher, ob sich die Automaten wirklich unter allen Umständen bewähren und es empfehle sich deshalb jedenfalls, mit der größten Vorsicht zu verfahren.

Die Gasmesser kann der Abnehmer von der Gasanstaltsverwaltung kaufen oder mieten. Die meisten Messer werden gemietet. Der Zins hierfür ist ebenfalls im Laufe der Zeit mehr und mehr herabgegangen, gegenwärtig beträgt er monatlich 30 Pf. bis 5 Mk. je nach der Größe des Messers.

Die Kosten der Zuleitung und der Einrichtung hat der Gasabnehmer selbst zu bestreiten. Von der Gasanstalt wird die Zuleitung bis zum Gasmesser hergestellt, sie berechnet dafür die Selbstkosten.

Für die Privatabnehmer in den nicht zum Stadtgebiet gehörenden Vororten gelten nach den Verträgen, die mit den Vorortsgemeinden abgeschlossen worden sind, dieselben Preise, die für die Abnehmer in Leipzig gelten, ebenso die übrigen Gasabnahmebedingungen. Im Jahre 1897 ist das bei den Stadtverordneten bedenklich gefunden worden. Man hat gesagt, daß bei gleichen Gaspreisen in der Stadt und den Vororten die Gefahr bestehe, daß sich Abnehmer, besonders Gewerbetreibende, nach diesen Vororten zurückziehen. Außerdem könne auch der Fall eintreten, daß der Stadt das Gas selbst teurer zu stehen komme, als sie es in den Vororten abgebe.

Diese Bedenken sind nicht als stichhaltig anerkannt worden. Man hat aber von einer Erhöhung der Preise für die Vororte auch deshalb abgesehen, weil dann die Vororte voraussichtlich mit einer Privatgasgesellschaft abgeschlossen haben würden. Das aber war nach der Auffassung des Rates und der Mehrheit der Stadtverordneten nicht erwünscht, vielmehr hielt man es für richtiger, daß die Stadt alle die Gebiete unmittelbar vor ihren Toren selbst versorgt, da sie sonst doch noch größere Ausgaben für den Erwerb solcher Absatzgebiete machen müsse, wenn der Anschluß an das städtische Netz unvermeidlich erscheine, wie z. B. nach Einverleibungen.

Das Gas für die öffentlichen Gebäude und für die öffentliche Beleuchtung der Vororte wird zu einem ermäßigten Preise abgegeben. Er beträgt je nach den Umständen 12 bis 16 Pf. für den Kubikmeter. In einem Vororte wird der Preis für die öffentliche Beleuchtung nach Brennstunden berechnet. Die Preise, die die Gemeinden zu zahlen haben, mindern sich ab, wenn der Privatverbrauch eine bestimmte Höhe erreicht, die je nach den Anlagekosten in den Verträgen verschieden festgelegt ist. Auf der anderen Seite müssen aber die Gemeinden eine bestimmte Einnahme aus der Gasabgabe gewährleisten.

Für die öffentliche Beleuchtung in Leipzig wurde zunächst ein Preis von 24 Talern für eine Laterne festgesetzt. Vom 1. Januar 1869 an wurde aber dafür ebenso wie für die städtischen Gebäude nur noch der Selbstkostenpreis berechnet, der im Jahre 1878 z. B. mit 10,66 Pf. für den Kubikmeter berechnet worden ist. Doch ist hierzu zu bemerken, daß die Gasanstalt alle Aufwendungen für die öffentliche Beleuchtung aus ihren

Mitteln zu bestreiten hatte, insbesondere auch die Bedienung und Unterhaltung, so daß also tatsächlich die Stadt das Gas unter dem Selbstkostenpreise erhielt. Erst im Jahre 1886 ist das anders geworden. Seit dieser Zeit fallen die Kosten der öffentlichen Beleuchtung den Gasanstalten nicht mehr zur Last.

Vom Jahre 1899 an hat dann die Stadtkasse an die Gasanstalten für das Gas zur öffentlichen Beleuchtung einen jährlichen Pauschbetrag von 100 000 Mk. bezahlt. Dieser Betrag ist vom Jahre 1907 an auf 200 000 Mk. erhöht worden. Für die öffentlichen Gebäude wird gegenwärtig ein Preis von 7 Pf. für den Kubikmeter berechnet. Für eine Reihe anderer Gebäude, wie die Markthalle, die Theater, gemeinnützige Anstalten usw. beträgt der Preis etwas über 10 Pf.

Alle diese Preise stehen zum Teil wesentlich hinter den Selbstkosten zurück, die z. B. für das Jahr 1907 auf rund 10,5 Pf. für den Kubikmeter berechnet worden sind.

Für die öffentliche Beleuchtung hätte danach in diesem Jahre der Gaspreis rund 285 000 Mk. betragen, anstatt 200 000 Mk., für die öffentlichen Gebäude wären etwa 180 000 Mk. zu verrechnen gewesen, jedenfalls wesentlich höhere Summen, als tatsächlich bezahlt worden sind.

Die Nebenprodukte der Gasanstalten, Koks, Teer, Ammoniak, Graphit, Schlacken und Asche werden, soweit sie nicht im Betriebe der Anstalten selbst Verwendung finden, so günstig verkauft, als es die Konjunktur zuläßt. Je nach den Umständen geschieht dieser Verkauf im Wege der Ausschreibung direkt oder auch, wie z. B. beim Teer, im Wege der Kommission. Eine Zeitlang wurde auch der Koksverkauf an Privathändler übertragen, gegenwärtig verkauft ihn jedoch die Gasanstalt direkt an die Händler und die Konsumenten selbst. Um den Koksverbrauch in Leipzig selbst zu heben, hat man einige Koksbrechmaschinen zur Herstellung von sogenanntem Meidinger Koks angeschafft, der nun besonders an die kleinen Konsumenten direkt verkauft wird. Im Jahre 1907 sind 566 134 hl = 44,01 % des gesamten verkauften Kokses als solcher Meidinger Koks abgegeben worden.

Seit dem Jahre 1900 haben die erzielten Durchschnittspreise betragen:

Jahr	Für 1 hl Koks Pf.	Für 100 kg Teer Mk.
1900	92,03	3,162
1901	96,32	3,185
1902	69,09	2,560
1903	70,68	2,575
1904	70,12	2,650
1905	74,28	2,645
1906	77,09	2,565
1907	86,62	2,365

Für die übrigen Nebenprodukte sind die Durchschnittspreise nicht ermittelt worden.

Was endlich die Gasmessermiete betrifft, so ist dazu hervorzuheben, daß sie in den Rechnungen der Gasanstalten nicht erscheint. Die Gasmesservermietung ist ein Geschäft der Gasanstalt für sich. Die Einnahmen, die es erzielt, kommen nur ihm zugute; sie werden zur Anschaffung neuer Apparate und zur Unterhaltung der vorhandenen benutzt. Dem Betriebe der Gasanstalten fließen daraus keine Einnahmen zu. Über die Ergebnisse des Geschäfts werden keine Zahlen veröffentlicht.

Von den Ausgaben der Gasanstalten fallen am meisten ins Gewicht die für das Vergasungsmaterial. Die Verwaltung hat nach den Erfahrungen, die sie selbst gemacht hat, und die in anderen Gasanstalten gemacht worden sind, festgestellt, welche Kohlen für den Betrieb am vorteilhaftesten sind. Es kommt dabei nicht ausschließlich die Gasausbeute in Frage, die bei den einzelnen Kohlensorten erzielt werden kann, sondern auch der Preis, der in Leipzig stark beeinflußt wird durch die Fracht, da alle Kohlenschächte ziemlich weit von Leipzig entfernt liegen.

Außerdem ist es auch der Verwaltung stets wertvoll erschienen, nicht alle Kohlen von einer Stelle zu beziehen, um nicht in zu große Abhängigkeit von den Werken zu geraten. Seit Jahren werden demgemäß in den Leipziger Gasanstalten sächsische, oberschlesische, niederschlesische, westfälische und englische Kohlen verwendet. Bis zum Jahre 1902 wurde auch böhmische Kohle vergast.

Die Preise richten sich natürlich nach der gerade herrschenden Konjunktur, die wie bekannt, heutzutage beträchtlich beeinflußt wird durch die großen Syndikate, die den Markt beherrschen. Die Durchschnittspreise der Kohlen haben betragen:

Jahr	In Anstalt I für 1 t						In Anstalt II für 1 t					
	sächsische Mk.	oberschlesische Mk.	niederschlesische Mk.	westfälische Mk.	englische Mk.	böhmische Mk.	sächsische Mk.	oberschlesische Mk.	niederschlesische Mk.	westfälische Mk.	englische Mk.	böhmische Mk.
1890	18,29	20,95	—	—	—	18,96	16,57	20,50	—	—	—	17,56
1895	17,50	20,43	19,56	—	—	16,85	17,19	20,35	19,39	—	—	16,73
1900	19,70	21,70	20,51	32,89	33,92	17,57	19,58	21,55	20,21	32,99	34,16	17,04
1901	20,89	23,29	21,47	32,86	31,96	17,57	20,72	23,19	21,48	33,05	31,99	17,04
1902	20,33	22,35	19,93	19,11	19,94	17,57	20,12	22,17	20,14	19,37	20,05	17,04
1903	19,53	21,58	19,18	19,04	19,44	—	19,38	21,46	19,43	19,09	19,57	—
1904	19,39	21,06	19,03	18,92	19,50	—	19,17	20,91	19,18	19,02	19,65	—
1905	19,29	21,23	19,15	18,82	19,50	—	19,09	21,04	19,22	18,87	19,65	—
1906	19,46	21,32	19,54	19,11	22,82	—	19,16	20,98	19,47	19,00	22,86	—
1907	20,11	22,05	20,46	19,77	22,98	—	19,59	21,21	19,99	19,78	23,11	—

Der Preisunterschied zwischen den beiden Anstalten erklärt sich durch die verschiedenen Frachtsätze.

Seit dem Jahre 1865 sind von den Überschüssen, die die Gasanstalten abwarfen, wenigstens zum Teil die für die Amortisation der Anleihe erforderlichen Beträge abgezogen worden, ordnungsmäßige Abschreibungen aber fanden bis zum Jahre 1887 fast nicht statt. Das hatte natürlich zur Folge, daß die Überschüsse der Anstalten sehr beträchtlich anwuchsen. Im Jahre 1878 z. B. führte die Gasanstalt nach Abzug des Betrages für die öffentliche Beleuchtung rund 600 000 Mk. an die Stadtkasse ab. Auf der anderen Seite aber hatte das zur Folge, daß die erste Gasanstalt, als sie Anfang der 90er Jahre wegen Unbrauchbarkeit abgebrochen werden mußte, noch mit einem Betrage von etwa 700 000 Mk. zu Buche stand und daß deshalb im Jahre 1893 rund 650 000 Mk. auf diese Anstalt und auf das alte Rohrnetz rund 1 200 000 Mk. außerordentlich abgeschrieben werden mußten.

Um diesen ungesunden Zustand zu beseitigen, wurde zunächst im Jahre 1885 beschlossen, den gesamten Schuldbetrag der Gasanstalt mit jährlich 3 % zu amortisieren. Vom Jahre 1888 an wurden dann von dem am 31. Dezember 1887 sich ergebenden Gesamtschuldbestand der beiden Gasanstalten jährlich 6 % abgeschrieben; 2 % der Anleiheschuld wurden dem Schuldentilgungsfonds überwiesen, der Rest kam in einen Erneuerungsfonds.

Auf Erweiterungsbauten, die nach dem 1. Januar 1888 vorgenommen wurden, wurden dann abgeschrieben: 2 % auf Hochbauten, 3 % auf das Rohrnetz und 10 % auf Apparate und Maschinen. Diese Sätze wurden mit Rücksicht auf die geringeren Überschüsse gegenüber früheren Jahren im Jahre 1891 etwas herabgesetzt und dann im Jahre 1893 überhaupt neu geregelt. Auf Maschinen und Apparate wurden nun abgeschrieben 9 %, auf Hochbauten 1 % und ebenfalls 1 % auf das Rohrnetz, alles von dem jeweiligen Buchwerte, so daß also die Abschreibungssumme jedes Jahr geringer wurde. Das erschien schon im Jahre 1895 nicht mehr richtig. Man wollte vielmehr nun, daß die Abschreibungssumme ungefähr die gleiche Höhe behielte, und deswegen wurde der Abschreibungssatz für das Rohrnetz in diesem Jahre auf 1½ %, im Jahre 1896 auf 2 %, 1897 auf 3 % und 1898 auf 4 % erhöht. Aus dem gleichen Grunde änderte man im Jahre 1899 den Satz für Hochbauten von 1 % in 2 % um. Außerdem wurde in diesem Jahre beschlossen, nunmehr wiederum vom Anfangswert, nicht mehr vom jährlichen Buchwert abzuschreiben.

Auch diese, gegen früher wesentlich höheren Abschreibungen erschienen bald nicht mehr hoch genug, weil trotz der außerordentlichen Abschreibungen im Jahre 1893 das Rohrnetz immer noch sehr hoch zu Buche stand. Deshalb schlug der Rat den Stadtverordneten im Jahre 1898 vor, von den

Überschüssen des Jahres 1897, die um etwa 430 000 Mk. über den Voranschlag hinausgingen, 300 000 Mk. zu einer außerordentlichen Abschreibung auf das Rohrnetz zu verwenden. Zur Begründung wurde dabei auch angeführt, daß der Erweiterungsfonds die Mittel notwendig brauche, da für ihn bedeutende Ausgaben bevorstünden.

Die Stadtverordneten bewilligten nur eine außerordentliche Abschreibung von 200 000 Mk., und auch diese Summe schien einigen Mitgliedern noch zu hoch. Sie waren der Auffassung, daß Erweiterungen aus den Erträgnissen des Werkes zu bauen überhaupt nicht richtig sei, wenigstens nicht in allen Fällen; die Mittel hierzu müßten grundsätzlich der Anleihe entnommen werden. Doch drang diese Auffassung nicht durch, und auch in den beiden folgenden Jahren wurde beschlossen, von den Überschüssen der Jahre 1898/99 je 200 000 Mk. zurückzulegen, aber nicht, um sie dem Erweiterungsfonds zuzuführen, sondern einem besonderen Baureservefonds, aus dem die Kosten eines neuen Gasbehälters für die erste Anstalt bestritten werden sollten. Diesem Fonds sollten auch im Jahre 1902 wieder 200 000 Mk. zugeführt werden, doch lehnten es da die Stadtverordneten ab mit Rücksicht auf die schlechte Finanzlage der Stadt, die es notwendig mache, zur Erleichterung der Steuerlast der Stadtkasse möglichst hohe Überschüsse zuzuführen. Und ebenso lehnten es die Stadtverordneten ab, als in den folgenden Jahren der Rat wiederum dem Erneuerungs- und Erweiterungsfonds 300 000 Mk. außerordentlich zuführen wollte, um auf das Rohrnetz weitere außerordentliche Abschreibungen zu machen und um den Fonds in den Stand zu setzen, die Mittel zu geplanten Erweiterungen zu liefern. Es sei, so führte der Rat aus, bei einem Unternehmen, wie den Gasanstalten nicht richtig, die Schuldenlast fortgesetzt zu vermehren, vielmehr müßten solche Unternehmen, soweit das irgend möglich sei, notwendige Erweiterungen aus den Erträgnissen bauen. Die Stadtverordneten hielten dem gegenüber die ordentlichen Abschreibungen für hoch genug und vertraten den Standpunkt, daß es ganz ungerechtfertigt sei, in dem Umfange, wie es jetzt geschehe, Erweiterungen aus den Erträgnissen der Gasanstalten zu bauen. Seit dem Jahre 1893 seien tatsächlich alle Erweiterungsbauten zu Lasten des Betriebes erfolgt. Wenn nicht die Gegenwart zu gunsten künftiger Generationen zu sehr belastet werden solle, müßten solche Bauten aus Anleihemitteln bezahlt werden. In der Auffassung, daß die Abschreibungen eher zu hoch als zu niedrig seien, wurden die Stadtverordneten bestärkt durch eine Inventur, die im Jahre 1903 aufgemacht wurde, um zu sehen, wie sich der tatsächliche Wert der Gasanstalten auf Grund von Schätzungen zum Buchwerte verhalte. Diese Inventur ergab einen Wert der beiden Gasanstalten von 7 727 800 Mk. gegenüber dem Buchwerte von 5 681 111 Mk. Das führte zu dem Antrage, nun nicht mehr vom Anfangswerte der Anlagen, sondern, wie früher, vom letzten Bilanzwerte abzuschreiben, und seit dieser Zeit wird abgeschrieben von dem Werte, den die Anlagen nach der Bilanz vom Jahre 1903 hatten. Neue Anlagen werden vom Herstellungswerte abgeschrieben. Die Abschreibungssätze sind seit 1899 nicht verändert worden.

Auf weitere Herabminderungen der Abschreibungen, die auch seit dem Jahre 1903 wiederholt angeregt worden sind, ist der Rat bisher nicht zugekommen.

Die finanziellen Ergebnisse der Gasanstalten haben sich darnach seit dem Jahre 1890 wie folgt gestaltet. Es haben betragen:

Jahr	die Einnahmen Mk.	die Ausgaben Mk.	die Überschüsse Mk.
1880	?	?	862 302,61
1890	3 129 125,60	2 694 549,87	434 575,73
1895	3 239 922,67	2 784 917,85	455 004,82
1900	4 432 031,70	3 858 591,06	573 440,64
1901	4 687 235,38	4 137 896,51	549 338,87
1902	4 760 015,12	3 955 340,02	804 675,10
1903	5 062 906,70	4 027 773,84	1 035 132,86
1904	5 412 539,36	4 287 717,17	1 124 822,19
1905	5 860 258,65	4 549 836,11	1 310 422,54
1906	6 041 885,15	4 688 547,25	1 353 337,90
1907	6 928 425,61	5 482 233,22	1 446 192,39

(Siehe ferner die Tabellen auf S. 74.)

Wegen des Ausgabepostens „Beitrag zur Unterhaltung der Straßen" ist noch hervorzuheben, daß dafür zur Begründung angeführt worden ist, daß durch das Aufreißen des Pflasters bei Rohrlegungen usw. Schäden entstünden, die durch die Wiederherstellung allein nicht beseitigt würden, da das Pflaster doch nie wieder so gut werde als es ursprünglich gewesen sei. Es scheint aber, daß dieser Grund nicht der ausschlaggebende gewesen ist. Nach verschiedenen Äußerungen, die bei den Stadtverordneten wegen dieses Postens, der in ähnlicher Weise auch beim Wasserwerk und beim Elektrizitätswerk vorkommt, gefallen sind, scheint man mit diesem Posten vielmehr die Absicht verfolgt zu haben, die Überschüsse der Betriebe nicht zu hoch erscheinen zu lassen, aus Gründen, die nicht näher angegeben worden sind.

Weiter ist zu den Ausgaben noch zu bemerken, daß sich darunter im Jahre 1895 50 000 Mk. befinden, die dem Betriebsfonds der Gasanstalten zugeführt worden sind. Rechnet man die 300 000 Mk. Beitrag zur

Die Einnahmen im besonderen haben betragen (in Mark):

Jahr	Aus der Gasabgabe (ohne Selbstverbrauch)			Aus den Nebenprodukten						Sonstige Einnahmen	Zusammen
	für öffentl. Beleuchtung u. städtische Gebäude	an Private	zusammen	Koks (ohne Selbstverbrauch)	Teer (ohne Selbstverbrauch)	Ammoniakwasser	Graphit und Schlacken	Reinigungswasser	zusammen		
1890	258871,34	2237202,67	2496074,01	372872,77	132886,87	44975,82	10C58,52	7323,39	568117,37	64934,22	3129125,60
1895	100000,—	2471493,70	2571493,70	452290,35	106720,55	23724,46	4393,36	18754,03	605882,75	62546,22	3239922,67
1900	140620,—	3238047,82	3378667,82	733512,76	141287,88	72784,37	10437,45	21173,83	979196,29	74167,59	4432031,70
1901	140970,—	3446120,92	3587090,92	790233,15	149438,94	50610,08	7386,50	9592,65	1007261,32	92883,14	4687235,38
1902	181053,68	3568030,38	3749084,06	644315,63	123201,99	94308,12	4641,20	5534,34	872001,28	138929,78	4760015,12
1903	179434,78	3799482,64	3978917,42	667709,56	131792,92	117718,71	7068,05	6902,03	931191,27	152798,01	5062906,70
1904	179288,06	4068988,93	4248276,99	724799,89	144678,91	125364,86	6047,85	9882,50	1010774,01	153488,36	5412539,36
1905	182394,36	4375447,16	4557841,52	827185,80	148863,26	158757,39	5945,70	7509,24	1148261,39	154155,74	5860258,65
1906	182505,21	4529626,66	4712131,87	882797,24	148216,56	134703,68	8244,40	6640,90	1180602,78	149150,50	6041885,15
1907	290065,48	5011052,58	5301118,06	1116900,47	149591,77	145842,95	10414,50	11743,17	1434492,86	192814,69	6928425,61

Die Ausgaben im besonderen haben betragen (in Mark):

Jahr	für Kohlen	für Reinigungsmaterial	für Löhne	für die Verwaltung	für Unterhaltung und sonstiges	für Zinsen	für Abschreibungen	Beitrag zur Straßenunterhaltung	Zusammen
1890	1 024 857,42	8 541,50	245 604,71	209 159,78	127 916,67	370 866,20	507 603,59	200 000,—	2 694 549,87
1895	1 090 120,05	2 300,24	230 788,84	232 958,61	171 850,36	360 025,15	496 874,60	200 000,—	2 784 917,85
1900	1 795 057,53	8 175,79	360 523,10	288 507,33	231 474,85	310 130,30	664 722,16	200 000,—	3 858 591,06
1901	1 935 694,58	6 638,76	347 788,97	406 443,97	277 144,35	299 463,72	664 722,16	200 000,—	4 137 896,51
1902	1 887 255,20	8 457,45	375 199,84	424 411,19	221 906,98	313 387,20	524 722,16	200 000,—	3 955 340,02
1903	1 922 690,59	8 513,54	374 034,—	435 162,66	200 659,32	310 931,49	575 782,24	200 000,—	4 027 773,84
1904	2 025 352,88	9 352,92	405 171,64	456 818,61	245 814,86	330 848,38	614 357,88	200 000,—	4 287 717,17
1905	2 165 112,56	8 509,78	439 005,46	496 959,12	282 589,12	404 717,51	552 942,56	200 000,—	4 549 836,11
1906	2 246 698,85	7 790,13	478 798,63	492 650,91	288 783,93	403 301,34	570 523,46	200 000,—	4 688 547,25
1907	2 596 314,41	10 636,51	540 996,—	574 230,90	334 281,01	551 653,31	574 121,08	300 000,—	5 482 233,22

Straßenunterhaltung, wie das wohl gerechtfertigt sein dürfte, mit zu den Überschüssen, die die Gasanstalten abgeworfen haben, so ergibt sich für das Jahr 1907 bei einem Anlagekapital von rund 15 1/2 Millionen Mark eine Verzinsung von etwa 11,3 %, wobei noch nicht berücksichtigt ist, daß zur öffentlichen Beleuchtung, für die städtischen Gebäude usw. das Gas zu einem zu billigen Preise berechnet wird.

3. Das Elektrizitätswerk.

Es ist oben bereits auseinandergesetzt worden, daß man sich zur Übernahme des Elektrizitätswerkes in eigene Regie deshalb entschloß, weil man auf Grund der Erfahrungen mit dem Privatwerke zu der Überzeugung gekommen war, daß eine den Bedürfnissen entsprechende Versorgung der Stadt mit elektrischem Strom nur auf dem Wege der Übernahme zu erreichen sein werde. Ein weiterer und wohl nicht minder wichtiger Grund für die Übernahme war aber der, daß man es für dringend erforderlich hielt, bei den zunehmenden Bedürfnissen der Stadt nach Möglichkeit neue Einnahmequellen zu erschließen. Das Elektrizitätswerk soll also möglichst hohe Überschüsse abwerfen, jedenfalls höhere als die Abgaben, die bis zur Übernahme die Gesellschaft zu leisten gehabt hat.

Über die Wege, die einzuschlagen waren, um dieses Ziel zu erreichen, bestand von Anfang an kein Zweifel. Es galt vor allem dafür Sorge zu tragen, daß dem vorhandenen Bedürfnisse nach elektrischem Strom entsprechende Anlagen geschaffen wurden, womit ja sofort begonnen worden ist, und ferner galt es, das Bedürfnis nach elektrischem Strom nach Möglichkeit zu erhöhen in erster Linie durch Änderung der Tarife. Allerdings konnte, wie das begreiflich ist, diese Tarifänderung nicht sofort ins Werk gesetzt werden. Man wollte erst abwarten, wie sich die Ergebnisse unter der städtischen Verwaltung gestalten würden, und außerdem sollten natürlich erst eingehende Erörterungen über die zweckmäßigste Gestaltung des Tarifes angestellt werden, ehe man an eine Änderung ging. Seit dem 1. Juli 1907 gilt nun aber auch ein neuer Tarif, nicht allein für den Strom, sondern auch für andere Leistungen des Eleltrizitätswerkes.

Der Strompreis wurde in der Weise geändert, daß einmal der Preis für Lichtstrom auf 60 Pfg. für die Kilowattstunde herabgesetzt und dann neben dem bestehenden Tarife, der besondere Preise für Licht- und Kraftstrom hat, fakultativ ein sogenannter Doppeltarif eingeführt wurde. Nach diesem Doppeltarife kostet die Kilowattstunde Strom innerhalb der Zeit des stärksten Strombedarfes, der sogenannten Sperrzeit, die vom Einbruch der

Dunkelheit bis 8 Uhr abends dauert, 60 Pf. und im übrigen 20 Pf., ohne Rücksicht darauf, wie der Strom verwendet wird. Während der Zeit geringerer Nachfrage wird also der Strom billiger abgegeben, selbstverständlich zu dem Zwecke, um eine größere und deshalb wirtschaftlichere Ausnutzung der Maschinenanlagen usw. während der Tagesstunden und der späteren Abendstunden, wenn die Geschäfte geschlossen sind, zu erreichen.

Zugleich wurde der Rabatt wesentlich erhöht. Während früher im höchsten Falle 8 % gewährt wurden, beträgt er nun $2^1/_2$% bei einem Stromverbrauch von 1000—2000 Mk. in einem Jahre und steigt bis zu 25 % bei über 10 000 Mk. Stromverbrauch. Nur für Abnehmer, die lediglich Kraftstrom zum Preise von 20 Pfg. für die Kilowattstunde beziehen, sind die alten Rabattsätze von 1—8 % beibehalten worden. Der höchste Satz von 8 % wird dabei erreicht, wenn der in einem Jahre zu zahlende Strompreis über 8000 Mk. beträgt.

Die Prüfungsgebühren für Anlagen, die an das Werk angeschlossen werden sollen, und die Zählermieten sind ebenfalls wesentlich herabgesetzt worden. Die Miete beträgt jetzt 12—68 Mk., je nach der Größe des Zählers und 18—102 Mk. für einen Doppeltarifzähler.

Die Herabsetzung des Strompreises und der sonstigen Gebühren hat, wie die Tabelle S. 39 zeigt, durchaus den Erfolg gehabt, den man von ihr erwartete. Während die Zunahme des Stromverbrauches im Jahre 1906 nur 7,51 % betragen hatte, betrug sie 1907 22,6 %. Die jährliche Benutzungsdauer der Anschlußeinrichtung betrug 1906 274 Stunden, 1907 320 Stunden. Die Zunahme der Anschlußwerte betrug 1906 11,25 %, 1907 13,9 %, und das alles, obwohl die neuen Preissätze erst am 1. Juli des Jahres 1907 eingeführt worden sind.

Die Abschreibungssätze auf die Anlage des Elektrizitätswerkes wurden im Jahre 1905 wie folgt festgesetzt: 2 % für die Gebäude, 10 % für die Maschinen, 14 % für die Akkumulatoren, 4 % für das Kabelnetz, $7^1/_2$ % für die Wasserbeschaffungsanlage. Von dem Konto Zähler werden die gesamten Einnahmen aus Zählermieten abgeschrieben. Der Rat hatte außer diesen Abschreibungssätzen noch 1 % des Anlagekapitals einem besonderen Tilgungsfonds zuführen wollen; das lehnten aber die Stadtverordneten ab, sie hielten es für genügend, wenn von den nach den angegebenen Sätzen abgeschriebenen Beträgen 1 % des Anlagekapitals zur Tilgung verwendet wird und der Rest einem Erneuerungsfonds zufließt. Erweiterungen sollen aus diesem Fonds grundsätzlich nicht bezahlt werden.

Gegenwärtig halten die Stadtverordneten auch diese Abschreibungen, die etwas über 6 % des gesamten Anlagekapitals betragen, für viel zu hoch. Es sollen aus dem Elektrizitätswerk größere Überschüsse für die Stadtkasse herausgewirtschaftet werden. Der Rat hat sich auch in jüngster Zeit bereit erklärt, bis auf 3 % im ganzen herabzugehen, was aber vielen Stadtverordneten noch immer nicht genügend erscheint. Die Verhandlungen hierüber sind noch nicht abgeschlossen.

Die finanziellen Ergebnisse seit dem Jahre 1905, dem ersten vollen Jahre städtischer Regie, ergeben sich aus der folgenden Zusammenstellung:

Jahr	Einnahme	Ausgabe				Überschuß
		Betrieb	Zinsen	Abschreibungen	zusammen	
	Mk.	Mk.	Mk.	Mk.	Mk.	Mk.
1905	545 868,64	108 898,24	57 923,02	111 296,08	278 117,34	267 751,30
1906	1 291 441,51	372 681,21	206 861,21	360 791,13	940 333,55	351 107,96
1907	1 381 306,56	460 658,69	220 091,10	422 546,37	1 103 296,16	278 010,40

Die Überschüsse haben also die Summen, die der Stadt früher vom Elektrizitätswerk zuflossen, wesentlich überschritten und haben auch im Jahre 1907 trotz der beträchtlichen Tarifherabsetzung nur wenig abgenommen. Es ist dabei auch noch zu berücksichtigen, daß das Werk seit dem Jahre 1906 40 000 Mk. zur Unterhaltung der Straßen und ferner 1906 5000 Mk. und 1907 12 000 Mk. zum allgemeinen Verwaltungsaufwand der Stadt beigetragen hat.

Rechnet man, was, wie bei den Gasanstalten, auch hier gerechtfertigt ist, jene 40 000 Mk. mit zu den Überschüssen, so hat das Werk bei rund 6½ Millionen Mark Anlagekapital im Jahre 1907 eine Verzinsung von rund 5 % ergeben.

Man wird nach dem Vorstehenden zugeben müssen, daß das Elektrizitätswerk, seit es in städtischer Regie betrieben wird, nicht ungünstiger gewirtschaftet hat als private Elektrizitätswerke. Denn wenn auch die Erträgnisse noch nicht so hoch gewesen sind als das früher bei der Aktiengesellschaft der Fall war, so ist das doch nur natürlich, da die neuen Anlagen noch nicht voll ausgenutzt sind, da der Tarif bedeutend herabgesetzt worden ist und da jetzt auch mehr abgeschrieben wird als früher.

Die Stadt Leipzig hat auch durch die Übernahme des Elektrizitätswerkes und durch dessen Verwaltung seither den Beweis erbracht, daß der Vorwurf der Schwerfälligkeit gegenüber städtischen Betrieben mindestens nicht unbedingt gerechtfertigt ist. Seit das Werk städtisch ist, haben die Klagen über Mangel in der Stromversorgung aufgehört, und obwohl dazu sehr umfängliche Neuanlagen erforderlich waren, sind die Pläne und Vorarbeiten dafür und die Bauten selbst so schnell zum Ziele geführt worden, daß das auch eine Aktiengesellschaft schwerlich schneller zustande gebracht hätte. Dasselbe gilt für die Vorarbeiten für das neue große Außenwerk, wie von hervorragenden Sachverständigen anerkannt worden ist.

Ein genauer Vergleich der Betriebsergebnisse des früheren Privatwerkes mit denen des städtischen ist leider nicht möglich, da es hierzu an den nötigen Unterlagen mangelt, vor allem aber da infolge der großen Erweiterungsbauten, die die Stadt vorgenommen hat, die Verhältnisse zu verschiedenartig geworden sind.

4. Das Wasserwerk.

Es ist bereits auseinandergesetzt worden, daß sich auf die Ausschreibung der Stadt hin keine Privatgesellschaft fand, die den Bau und Betrieb des Wasserwerkes auf eigene Kosten übernehmen wollte. Unter diesen Umständen war es selbstverständlich, daß man das Wasserwerk zunächst nicht als Anlage ansah, bei der die Stadt Gewinne erzielen könnte. Auch ohnedies lag aber eine Gewinnabsicht hier nicht vor. Man war vielmehr von jeher der Auffassung, daß das Wasser als eins der notwendigsten Lebensbedürfnisse der Bewohnerschaft so wohlfeil geliefert werden müsse als dies irgend möglich sei, und daß deshalb die Stadt, wenn sie die Beschaffung selbst übernehme, das Werk jedenfalls nicht zu einer Einnahmequelle machen dürfe. Höchstens dürfe das Unternehmen soviel abwerfen, daß die Anlagekosten verzinst und in angemessener Weise amortisiert werden könnten.

Darin ist nun aber im Laufe der Zeit ein wesentlicher Wandel eingetreten. Nach und nach ist nämlich auch das Wasserwerk zu einem gewinnbringenden Unternehmen geworden und es wird nun als solches betrieben. Der Grund hierfür ist zweifellos in der Hauptsache darin zu suchen, daß das Wasserwerk bald nach der Betriebseröffnung Überschüsse abwarf, die die Ausgaben für Verzinsung und Amortisation überstiegen, und daß man sich nach und nach daran gewöhnte, mit diesen Überschüssen zu rechnen. Es ist nun zwar bis in die jüngste Zeit wiederholt darauf hingewiesen worden, daß diese Gewinne eigentlich nicht gerechtfertigt seien, aber zu einer Änderung ist man nicht gekommen. Es ist entgegengehalten worden, daß bei dem Risiko, das die Stadt übernommen habe, ein kleiner Unternehmergewinn trotz jener an sich ja richtigen grundsätzlichen Anschauung wohl gerechtfertigt erscheine. Es dürfe auch nie außer Acht gelassen werden, daß man die Entwicklung des Wasserwerkes nicht voraussehen könne. Es sei wohl möglich, daß der Betrieb des Werkes plötzlich so bedeutende Lasten aufgebürdet bekomme, infolge Vergrößerungen usw., daß die Erträgnisse wesentlich herabgingen. Für solche Fälle müsse man gerüstet sein und könne deshalb die Einnahmen nicht genau so berechnen, daß sie gerade nur zur Deckung der Betriebskosten und der Verzinsung und Tilgung ausreichten.

Gegenwärtig hat man es zudem bei den ständig wachsenden Bedürfnissen der Stadt für ausgeschlossen erklärt, daß die Stadt auf die Einnahmen aus dem Wasserwerke verzichte, wodurch die direkten Steuern noch mehr anwachsen würden als das ohnehin schon geschehen ist.

Zunächst führte man den Raumtarif ein, d. h. es wurde für jeden Raum eines angeschlossenen Grundstücks ein bestimmter Satz erhoben, ohne Rücksicht auf den wirklichen Verbrauch. Wassermesser wurden zugelassen, wenn die Grundstücksbesitzer sie beschafften. Dieser Raumtarif brachte schon nach kurzer Zeit so hohe Erträgnisse, daß nicht nur die Anlagekosten des Werkes verzinst und mit 1 % amortisiert, sondern auch noch Überschüsse an die Stadtkasse abgeführt werden konnten, im Jahre 1869 z. B. 8375 Mk., im Jahre 1870 sogar 24 370 Mk. Dann hörten diese Zuführungen zur Stadtkasse wieder auf, aber das kam nicht von geringeren Einnahmen, sondern daher, daß man sich entschloß, alle Überschüsse zur Amortisation zu verwenden.

Nach der Eröffnung des Naunhofer Werkes entstand dann die Frage, ob die Vermehrung des Kapitals um über 2 Millionen Mark eine Erhöhung des Wasserzinses erfordere. Die Verwaltung hielt das nicht für nötig, dagegen waren aber die Stadtverordneten der Auffassung, daß wesentlich höher getilgt werden müsse, als das bisher der Fall gewesen sei, und daß deshalb eine Erhöhung der Einnahmen oder eine Verminderung der Ausgaben angestrebt werden müsse, namentlich durch Einschränkung der Wasservergeudung, die nach der allgemeinen Ansicht bei der Bezahlung des Wassers nach dem Raumtarife stattfand. Es wurde demgemäß der Rat ersucht, „Maßnahmen in Vorschlag zu bringen, vermittels welcher die wirkliche Durchschnittseinnahme pro Kubikmeter konsumierten Wassers, die nach den vorliegenden Angaben im Jahre 1888 7,56 Pf. beträgt, auf tatsächlich 11 Pf. pro Kubikmeter gebracht werde." Der Rat beschloß daraufhin, anstelle des Raumtarifs den Verbrauchstarif einzuführen und zu diesem Zwecke die Aufstellung von Wassermessern in jedem Grundstücke vorzuschreiben. Der Preis für den Kubikmeter Wasser wurde auf 15 Pf. festgesetzt, daneben blieb aber der Raumtarif insofern bestehen, als für jeden bewohnbaren Raum, für jede Küche und für jede Badeeinrichtung eines Grundstücks 2,10 Mk. — an Stelle von bisher 1,80 Mk. — für jedes Wasserklosett 6 Mk. und, wenn das Wasser nicht zum gewöhnlichen Hausbedarf benutzt wurde, 1 Mk. für den Millimeter Lichtweite des Wassermessers jährlich als Mindestbetrag zu zahlen war. Bei einem Verbrauche von über 5000 cbm im Jahre sollte ein Nachlaß von 2 % gewährt werden, der bis zu 20 % bei einem jährlichen Verbrauche von mehr als 200 000 cbm steigen sollte. Die Wassermesser sollte das Werk beschaffen und an die Grundstücksbesitzer vermieten. Die Miete wurde auf 8—60 Mk. für einen Messer festgestellt. Trotz des Widerstandes vieler Hausbesitzer, die eine wesentliche Erhöhung des zu zahlenden Wasserzinses befürchteten, wurde die Ratsvorlage von den Stadtverordneten angenommen. Der neue Tarif trat am 1. August 1890, für die bereits angeschlossenen Grundstücke am 1. Januar 1891 in Kraft.

Das Ziel, die Einnahmen des Wasserwerkes so zu erhöhen, daß eine angemessene Amortisation möglich war, wurde durch die Einführung des neuen Tarifes vollständig erreicht. Es stellte sich aber bald heraus, daß dieser Tarif insofern eine beträchtliche Unbilligkeit zur Folge hatte, als die kleinen Verbraucher überaus stark belastet wurden. In den meisten Grundstücken blieb nämlich der Verbrauch, obwohl man schon vom Jahre 1891 an die unvermieteten Räume eines Grundstücks in bestimmtem Umfange von dem Mindestsatze freiließ, wesentlich unter dem Mindestverbrauche zurück, der nach dem Raumtarif zu bezahlen war, so daß in diesen Grundstücken der Kubikmeter Wasser viel mehr kostete als 15 Pf., in einzelnen Fällen über 1 Mk. Das führte dazu, daß im Jahre 1896 der Mindestsatz völlig beseitigt und auf Grund der Verbrauchsziffern, die man in den letzten Jahren festgestellt hatte, der folgende Staffeltarif eingeführt wurde.

Von dem festgestellten Verbrauch jedes Grundstücks wird in Rechnung gestellt:

jeder	zwischen	1	und	500	cbm	liegende	cbm	mit	22	Pf.
„	„	501	„	1 000	„	„	„	„	21	„
„	„	1 001	„	2 000	„	„	„	„	20	„
„	„	2 001	„	5 000	„	„	„	„	19	„
„	„	5 001	„	20 000	„	„	„	„	18	„
„	„	20 001	„	100 000	„	„	„	„	17	„
„	über	100 000			„	„	„	„	16	„

Die Erträgnisse des Werkes sollten durch den neuen Tarif nicht beeinflußt werden, man wollte nur jene Unbilligkeit beseitigen. Bei den Beratungen über den neuen Tarif wurde allerdings auch lebhaft für eine Verminderung der Erträgnisse des Wasserwerkes und dem entsprechend für eine Herabsetzung der vorgeschlagenen Preissätze eingetreten, denn es hatten sich unter dem bisherigen Tarife wiederum Überschüsse ergeben, die ständig gestiegen waren. So hatte das Wasserwerk 1891 rund 37 000 Mk., 1892 140 000 Mk., 1893 und 1894 je 150 000 Mk. an die Stadtkasse abgeführt. Diese Überschüsse seien, das wurde noch angeführt, noch nicht einmal richtig berechnet. In Wirklichkeit habe vielmehr das Werk noch höhere Erträgnisse zu verzeichnen gehabt, denn das Wasser, das die Stadt selbst verbraucht habe, sei teilweise gar nicht, teilweise zu einem Preise berechnet worden, der hinter dem Selbstkostenpreise wesentlich zurückbleibe. Aber aus den oben angeführten Gründen blieb es bei den vom Rate vorgeschlagenen Sätzen. Nur die erste Stufe von 24 Pf., die der Rat für einen Verbrauch bis zu 200 cbm vorgeschlagen hatte, wurde beseitigt.

Es wurde bei dieser Gelegenheit auch für die Einführung eines Einheitssatzes gesprochen, da es unbillig sei, den größten Abnehmern, die das Wasser meist zu gewerblichen Zwecken entnähmen, billigere Preise zu berechnen als den Konsumenten, die aus dem Wasserverbrauch keinen Gewinn zögen. Doch auch dieser Vorschlag hatte keinen Erfolg. Die geringeren Preise für die großen Abnehmer wurden für durchaus gerechtfertigt erklärt, weil, je höher die Wasserabgabe sei, die Selbstkosten sich um so niedriger stellten.

Gleichzeitig mit der Einführung des neuen Tarifes wurde beschlossen, daß in drei Jahren eine Neuprüfung der Frage stattfinden sollte, ob sich eine Herabsetzung des Preises ermöglichen lasse. Noch vor Ablauf dieser Frist legte der Rat den Stadtverordneten einen neuen Tarif vor, der die folgende Staffel festsetzte:

für	1	bis	1 000	cbm	19	Pf.	für den cbm
„	1 001	„	2 000	„	18	„	„ „ „
„	2 001	„	5 000	„	17	„	„ „ „
„	5 001	„	20 000	„	16	„	„ „ „
„	20 001	„	100 000	„	15	„	„ „ „
„		über	100 000	„	14	„	„ „ „

Gegen früher sollten also die Sätze um 12½% durchschnittlich herabgesetzt werden, und zwar deshalb, weil sich infolge der ständigen Zunahme des Verbrauchs die Selbstkosten für einen Kubikmeter Wasser wesentlich verringert und dementsprechend die Überschüsse des Werkes sich vermehrt hatten. 1897 hatte das Werk 232 000 Mk., 1898 374 000 Mk. Überschuß erzielt.

Die Ratsvorlage ging den Grundstücksbesitzern im Stadtverordnetenkollegium wiederum nicht weit genug. Sie wollten eine Herabsetzung des Preises auf 18 Pf. bei einem Verbrauche von 1—2000 cbm eingeführt wissen. Die Gründe dafür waren wiederum dieselben, die man schon früher angeführt hatte. Es blieb aber auch jetzt wieder bei den vom Rate vorgeschlagenen Sätzen, und es wurde nur wiederum der Rat ersucht, nach drei Jahren eine Revision des Tarifes eintreten zu lassen. Daraufhin teilte der Rat den Stadtverordneten im Jahre 1903 mit, daß die Überschüsse des Wasserwerkes in den letzten Jahren wesentlich zurückgegangen seien, von 424 000 Mk. im Jahre 1900 auf 289 000 Mk. im Jahre 1902. Allerdings sei das nicht zurückzuführen auf eine Abnahme des Wasserverbrauches, sondern darauf, daß das Wasserwerk in den letzten Jahren bedeutende Mehrbelastungen gegen früher erfahren habe. Es seien jährlich 70 000 Mk. zur Straßenunterhaltung, 16 500 Mk. zu den allgemeinen Verwaltungskosten, 56 000 Mk. zur Unterhaltung der Schleusen und 137 000 Mk. zum Betriebe der Kläranlage abgeführt worden. Aber jetzt seien nun für die Erbauung eines zweiten Wasserturmes im Norden der Stadt und für die Verdoppelung der Zuleitung von Naunhof nach Leipzig rund 1 500 000 Mk. aufzuwenden gewesen. Für die Verzinsung und Amortisation dieser Betriebe müsse das Werk mit jährlich etwa 120 000 Mk. belastet werden. Außerdem seien in nächster Zeit bedeutende Erweiterungsbauten unvermeidlich. Es sei deshalb nicht ratsam, gegenwärtig an eine Herabsetzung der Wasserpreise zu gehen.

Die Stadtverordneten schlossen sich dem an. Besonders wurde von ihnen auch noch hervorgehoben, daß die schlechten finanziellen Verhältnisse der Stadt den Zeitpunkt sehr ungünstig erscheinen ließen für eine Herabminderung der Einnahmen der Stadt, da das nur eine Erhöhung der direkten Steuern zur Folge haben könne. Umsoweniger sei dies angebracht, als eine Herabsetzung der Preise nur als ein Geschenk an die Hausbesitzer betrachtet werden könne. Denn wenn die Hausbesitzer immer erklärten, daß eine Herabminderung der Wasserpreise auf die Mieten einwirken werde, so sei das nicht stichhaltig, wie die Erfahrungen gezeigt hätten.

Aus denselben Gründen kam es auch im Jahre 1907, wo man sich wieder mit der Frage beschäftigte, zu keiner Änderung des Tarifes. Gegen eine Herabsetzung sprach nun noch, daß in der Zwischenzeit die Errichtung eines neuen Wasserwerkes beschlossen worden war. Da sich natürlich noch gar nicht übersehen läßt, wie sich die finanziellen Verhältnisse gestalten werden, wenn das neue Werk einmal fertig ist, da aber jedenfalls für die Verzinsung und Amortisation des neuanzulegenden Kapitals bedeutende Summen aufgebracht werden müssen, so hielt man es für besser, bis auf weiteres den bestehenden Tarif beizubehalten.

In den nicht einverleibten Vororten, die vom Leipziger Wasserwerk mitversorgt werden, wird im allgemeinen ein Einheitspreis von 30 Pf. für den Kubikmeter erhoben. Das Wasser zu Feuerlöschzwecken und zu den Feuerwehrübungen erhalten die Gemeinden unentgeltlich geliefert. Bedingung des Anschlusses ist in allen Fällen gewesen, daß die Gemeinde der Stadt Leipzig eine Einnahme aus der Wasserabgabe gewährleistete, die einer 12 prozentigen Verzinsung des Anlagekapitals entspricht.

Besondere Tarife gelten für die Stadt Naunhof. Das hat verschiedene Gründe. Einmal wird in Naunhof das Wasser so geliefert, wie es gewonnen wird, d. h. ziemlich stark eisenhaltig, während das in Leipzig abgegebene Wasser vor der Abgabe enteisnet wird. Dann haben bei der Übernahme der Wasserversorgung von Naunhof gewisse Billigkeitserwägungen eine Rolle gespielt. Es wird nämlich von den Bewohnern der Stadt Naunhof und ihrer Umgebung behauptet, durch die Fassungsanlage des Leipziger Wasserwerkes werde ihnen das nötige Wasser entzogen oder wenigstens die Deckung ihres Bedarfs wesentlich erschwert, weil sie die Brunnen tiefer bauen müßten usw. Die Ansprüche, die deshalb gegenüber der Stadt Leipzig erhoben worden sind und noch erhoben werden, sind zwar nie anerkannt worden, aber man hat sich entschlossen, bei der Wasserversorgung der Stadt Naunhof nach Möglichkeit entgegenzukommen. Ein großer Teil des Wassers wird deshalb z. B. in Naunhof umsonst abgegeben.

Wie der Wasserpreis so sind auch die Messermieten im Laufe der Jahre wesentlich niedriger geworden. Gegenwärtig betragen sie 6,60 bis 60 Mk., je nach der Größe der Messer.

Eigentliche Abschreibungen wurden beim Wasserwerk zunächst nicht vorgenommen. Man tilgte nur das Anlagekapital des Werkes und hielt dabei anfänglich den Satz von 1 % für genügend. Später benutzte man dann, wie schon hervorgehoben wurde, die gesamten Erträgnisse des Werkes zur Tilgung, auch wenn dadurch mehr als 1 % getilgt wurde.

Im Jahre 1888 erklärten dann die Stadtverordneten, daß nach ihrem Dafürhalten in den Jahren 1888 bis 1890 mindestens $3^3/_4$ % und von 1891 an 3 % jährlich getilgt werden müßten, wenn eine gesunde Finanzgebarung erzielt werden solle. Das führte zu dem Beschlusse, von den Überschüssen des Werkes bis zu 3 % des Anlagekapitals zur Tilgung zu verwenden und sie zu diesem Zwecke einem besonderen Tilgungsfonds zuzuführen. Als Anlagekapital wurde dabei der Stand der Kapitalschuld des Werkes vom 1. Januar 1890 zugrunde gelegt, das waren etwa $5^1/_2$ Millionen Mark. Neue Anlagen waren von da an nach ihrem Herstellungswerte zu tilgen. Dem Fonds flossen außer den Tilgungsquoten die Zinsen seines Bestandes zu.

Zugleich wurde ein Erneuerungsfonds geschaffen, dem von den 3 % des Anlagekapitals übersteigenden Überschüssen jährlich 1 % des Anlagekapitals zugeführt wurde. Auch dieser Fonds war, soweit die ihm zugeführten Summen nicht gebraucht wurden, zinsbar anzulegen, und die Zinsen flossen ihm zu.

Das blieb dann so bis zum Jahre 1901. In diesem Jahre wurde nämlich auf einen Antrag, den die Stadtverordneten schon im Jahre 1896 gestellt hatten, beim Wasserwerk für die in dem Werke angelegten Kapitalien die doppelte Buchführung eingeführt, damit ein besserer Einblick in die finanzielle Lage des Unternehmens gewonnen werden könne. Dabei wurde allerdings an der festgesetzten Rate von 3 % des Stammkapitals, die bisher zur Tilgung verwendet wurde, nichts geändert. Es blieb auch bei der Zuführung von 1 % des Kapitals zum Erneuerungsfonds, aber es wurden nun für die einzelnen Objekte des Unternehmens bestimmte Abschreibungssätze festgestellt, und zwar die folgenden: 1½ % für Immobilien, 4 % für die Wasserfassung, 10 % für die Maschinen und Apparate, 1¾ % für die Kanalleitungen, die Hochbehälter und die Enteisenungsanlage, 8 % für die Telegraphenleitung, 2½ % für die Gebäude, die Rohrzuleitung und das Rohrnetz. Auf das Rohrnetz wurden außerdem die zur Verfügung stehenden Zinsen des Tilgungsfonds abgeschrieben. Für die Wassermesser verblieb es bei der bisherigen Gepflogenheit, mit Rücksicht auf die große Abnutzbarkeit dieser Apparate, alle Überschüsse der Einnahmen über die Ausgaben ganz abzuschreiben.

Dem Tilgungsfonds des Wasserwerkes werden die Beträge entnommen, die zur Amortisation der aufgenommenen Anleihen notwendig sind. Da nun aber diese Beträge wesentlich geringer sind als jährlich 3 %, denn die von der Stadt aufgenommenen Anleihen werden mit höchstens 1 % und den für die schon getilgten Beträge erzielten Zinsen amortisiert, so ist der Tilgungsfonds des Wasserwerkes im Laufe der Jahre ziemlich angewachsen; nach der Rechnung für das Jahr 1907 z. B. betrug sein Buchbestand am Ende des Jahres rund 3 395 000 Mk.

Ebenso ist der Erneuerungsfonds des Werkes seither ständig gewachsen, denn große Erneuerungen haben sich bisher nicht nötig gemacht, kleinere Ausbesserungen usw. werden aber ohne weiteres aus den Betriebseinnahmen bezahlt. Man hat deshalb hie und da kleinere Erweiterungen des Werkes aus dem Erneuerungsfonds bestritten. Trotzdem betrug aber sein Bestand am Ende des Jahres 1907 rund 95 000 Mk.

Diese beträchtlichen Fondsmittel haben es möglich gemacht, daß in den letzten Jahren bedeutende Erweiterungen des Wasserwerkes ausgeführt werden konnten, ohne daß dazu Anleihemittel in Anspruch genommen werden mußten. Im ganzen handelt es sich dabei um Neubauten, die einen Aufwand von rund 1 340 000 Mk. verursacht haben.

Ferner konnten die Grundstücke für das neue Wasserwerk in der Muldenaue, das in nächster Zeit errichtet werden soll, aus solchen Fondsmitteln bezahlt werden. Es sind dazu über $2^1/_2$ Millionen Mark erforderlich gewesen.

So vorteilhaft dieser Umstand für die Verwaltung des Wasserwerkes gewesen ist, so sind doch, namentlich in jüngerer Zeit, gegen diese Finanzgebarung öfter Bedenken laut geworden. Man hat gesagt, es liege durchaus kein Anlaß vor, Mittel für Erweiterungsbauten anzusammeln, solche Erweiterungsbauten seien vielmehr aus Anleihemitteln aufzuführen. Jene großen Tilgungen bedeuteten unter den jetzigen Verhältnissen weiter nichts als eine Belastung der Gegenwart zugunsten künftiger Generationen, wozu umsoweniger Grund vorliege, als die direkten Steuern ständig in die Höhe gingen. Nach den Erfahrungen, die man bisher gemacht habe, werde eine Tilgung von $1^1/_2$ % vollständig genügen neben der Zuführung zum Erneuerungsfonds. Dann würden die Überschüsse beträchtlich in die Höhe gehen.

Bisher haben diese Bestrebungen nur insoweit Erfolg gehabt, als beschlossen worden ist, daß vom Jahre 1908 an die 3 %-Tilgungen nicht mehr vom ursprünglichen Anlagewerte, sondern von der Anleiheschuld, die sich nach der letzten Bilanz ergibt, berechnet werden sollen. Außerdem sollen nun die Zinsen der Fonds nicht mehr den Fonds, sondern den Einnahmen des Wasserwerkes zugeführt werden. Endlich sollen die Anlagekosten des neuen Werkes in der Muldenaue, die nach dem Anschlag rund 5 Millionen Mark betragen werden, nicht mehr nach dem alten Satze von 3 %, sondern nur so getilgt werden, wie die Anleihe getilgt wird, aus der die Mittel entnommen werden, also mit 1 % und mit den für die getilgten Beträge ersparten Zinsen.

Noch weiter mit den Abschreibungen und Rücklagen zurückzugehen, hat der Rat bisher für unmöglich erklärt, obwohl die Stadtverordneten dies wiederholt als erwünscht bezeichnet haben. Der Rat steht nach wie vor auf dem Standpunkte, daß das Wasserwerk nur geringe Überschüsse für den allgemeinen Gemeindehaushalt liefern dürfe, und daß es gerade bei diesem Betriebe besonders notwendig sei, sich für unvorhergesehene Fälle zu decken, umsomehr, als die großen Erweiterungen, die bevorstehen, einen sicheren Schluß über die künftigen finanziellen Verhältnisse nicht zulassen.

Die finanziellen Ergebnisse des Wasserwerkes sind hiernach seit dem Jahre 1890 die folgenden gewesen.

Es haben betragen:

Jahr	die Einnahmen Mk.	die Ausgaben Mk.	die Überschüsse Mk.
1890	650 419,62	650 419,62	—
1895	1 229 595,04	1 035 450,05	194 144,99
1900	1 724 130,21	1 300 008,02	424 122,19
1901	1 770 894,89	1 363 042,99	407 851,90
1902	1 833 734,26	1 544 683,23	289 051,03
1903	1 974 903,20	1 676 032,92	298 870,28
1904	2 072 378,49	1 744 296,87	328 081,62
1905	2 124 885,06	1 749 877,96	375 007,10
1906	2 216 931,23	1 834 551,78	382 379,45
1907	2 289 973,13	1 893 913,62	396 059,51

Die Hauptposten der Einnahmen waren:

Jahr	Wasserabgabe im Stadtgebiet und in der Heilanstalt Dösen Mk.	Wasserabgabe in den Gemeinden Naunhof, Stötteritz, Probstheida und Möckern Mk.	Pachten, Mieten, Abgaben usw. Mk.	Wassermesser-mieten Mk.
1890	518 644,89	52 113,25[1]	28 109,40	—
1895	1 051 335,34	8 652,33	28 627,66	84 331,23
1900	1 481 280,62	25 097,88	35 689,28	99 486,65
1901	1 535 851,36	22 975,07	42 237,65	100 250,60
1902	1 576 943,53	23 970,34	51 686,45	106 666,75
1903	1 682 829,08	28 299,03	66 010,85	110 036,45
1904	1 761 410,22	36 100,94	64 832,25	114 369,10
1905	1 827 274,78	54 638,61	52 133,28	119 572,30
1906	1 913 876,90	61 584,89	45 732,46	122 854,65
1907	1 938 351,36	82 442,02	69 522,54	126 659,10

[1] Wasserabgabe an die noch nicht einverleibten Vororte Lindenau und Plagwitz.

Die Hauptposten der Ausgaben waren:

Jahr	Besoldungen, Löhne, Pensionen und sachliche Verwaltungskosten Mk.	Pachten, Mieten, Abgaben Mk.	Material zum Maschinenbetrieb, Unterhaltung und Ergänzung Mk.	Zinsen Mk.	Tilgungsfonds Mk.	Erneuerungsfonds Mk.	Beitrag an andere Konten Mk.	Wassermesser	
								Unterhaltung und Verzinsung Mk.	Abschreibung Mk.
1890	106 071,31	8 402,63	114 963,41	202 613,91	146 816,28	20 000,00	—	—	—
1895	161 551,08	10 329,92	89 111,99	278 800,91	266 007,33	88 669,11	—	18 076,65	66 254,58
1900	219 575,53	19 028,28	136 607,50	292 626,21	300 706,44	99 401,63	50 000,00	47 237,26	52 249,39
1901	245 276,59	22 695,00	146 520,56	299 006,75	309 216,41	100 496,87	70 000,00	49 609,33	50 641,27
1902	238 105,29	27 140,12	97 054,77	303 261,47	315 802,93	102 684,71	279 500,00	50 126,92	56 539,83
1903	241 092,33	23 958,14	114 282,20	349 821,54	347 099,55	113 116,92	279 500,00	53 179,48	56 856,97
1904	249 973,47	17 724,18	128 614,16	372 845,27	366 140,73	119 463,98	279 500,00	53 798,78	60 570,32
1905	256 740,48	13 374,09	135 915,64	376 522,80	374 677,11	122 309,45	279 500,00	57 488,60	62 083,70
1906	270 826,30	38 529,84	157 473,39	382 823,38	381 558,62	124 603,27	283 000,00	58 547,69	64 306,96
1907	276 343,37	37 663,33	151 267,33	392 471,19	394 570,59	128 940,60	313 000,00	59 801,63	66 857,47

Einnahmen und Ausgaben haben sich also ungefähr gleichmäßig entwickelt und die Überschüsse, die das Werk an die Stadtkasse abgeführt hat, haben zwar Schwankungen unterlegen, aber seit dem Jahre 1900 doch eine gewisse Stetigkeit gezeigt.

Es ist aber dabei nicht zu übersehen, daß diese Stetigkeit einmal erreicht worden ist durch den Ausgabeposten Beitrag an andere städtische Konten. Dabei handelt es sich, wie schon erwähnt, in erster Linie um einen Beitrag zu den allgemeinen Verwaltungskosten, der bei allen städtischen Betrieben, die Überschüsse abwerfen, eingeführt worden ist, und der beim Wasserwerk im Jahre 1907 20 000 Mk., früher etwas weniger betragen hat; dann um einen Betrag von 100 000 Mk., bis zum Jahre 1906 70 000 Mk., zur Straßenunterhaltung; ferner um 56 000 Mk. zur Unterhaltung der Schleusen und endlich um 137 000 Mk., die zum Betriebe der Kläranlage vom Wasserwerk bezahlt werden.

Über den Beitrag zur Unterhaltung der Straßen, der seit dem Jahre 1900 bezahlt wird, ist bereits bei den Gasanstalten gesprochen worden. Die Gründe sind hier dieselben wie dort. Die Beiträge zur Schleusenunterhaltung und zum Betriebe der Kläranlage sind im Jahre 1902 eingeführt worden. Eine Begründung ist damals öffentlich nicht gegeben worden, aber später ist zum Ausdruck gekommen, daß diese Beiträge gerechtfertigt erscheinen wegen der Mehrausgaben, die jenen Betrieben durch das Wasserwerk erwachsen und daß man sie deshalb mit Rücksicht auf die von dem Werke zu zahlenden Steuern auch in die Rechnung einsetzen müsse.

Dann ist zu beachten, daß die Einnahmen des Wasserwerkes wesentlich dadurch beeinflußt worden sind, daß man das Wasser zu öffentlichen Zwecken immer billiger abgegeben hat. Im Jahre 1901 erscheinen z. B. 65 000 Mk. Einnahme für Wasser zum Straßensprengen, für die Springbrunnen und für die Teiche, 1903 beträgt dieser Posten nur noch 40 000 Mk., 1907 ist er ganz verschwunden.

Für das gesamte zu öffentlichen Zwecken im Stadtgebiete abgegebene Wasser, das sind im Jahre 1907 800 000 cbm, ist nach der Rechnung für dieses Jahr nur eine Einnahme von 16 960 Mk. erzielt worden, also nur wenig mehr, als 2 Pf. für den Kubikmeter. Würde das Wasser zum billigsten Satze von 14 Pf. für den Kubikmeter berechnet worden sein, so hätte die Einnahme rund 110 000 Mk. betragen.

Rechnet man die Abgaben an andere Konten, was nicht ungerechtfertigt ist, mit zu den Überschüssen des Werkes, so ergibt sich für 1907 ein Erträgnis von 700 000 Mk., was bei einem Anlagekapital von 13 100 000 Mk., das in der Rechnung für das Jahr 1907 genannt ist, einer Verzinsung von über 5 % entspricht.

5. Der Vieh- und Schlachthof und seine Nebenbetriebe.

Der Vieh- und Schlachthof ist eine wohlfahrtspolizeiliche Einrichtung, er kann also nicht Erwerbsabsichten der Gemeinde dienen. Das war auch von vornherein die Auffassung der städtischen Körperschaften in Leipzig und im allgemeinen hat man bisher an dieser Auffassung auch festgehalten. Allerdings haben die Anstalten im Laufe der Zeit auch Überschüsse für die Stadtkasse abgeworfen. Diese Überschüsse hat man als erfreuliche Nebenwirkungen in Kauf genommen und hat sie damit zu rechtfertigen gesucht, daß ja nur der Schlachthof eine dem Allgemeinwohl dienende Anstalt sei, daß aber der Viehhof auch einen gewerblichen Charakter trage und deshalb Gewinne aus dem Viehhofe nicht unbedingt vermieden werden müßten. Grundsätzlich aber soll der Vieh- und Schlachthof nur soviel abwerfen, daß die Stadt keine Zuschüsse dafür aufzuwenden braucht.

Die Gebühren wurden demgemäß so niedrig festgesetzt, als dies nach den Berechnungen über die zu erwartende Benutzung des Vieh- und Schlachthofes irgend möglich war. Dabei ergaben sich wie gesagt, immer noch bald nicht unbeträchtliche Überschüsse, weil sich der Verkehr wesentlich lebhafter gestaltete, als man zunächst erwarten konnte. Das führte auch bald zu Anträgen auf Herabsetzung der Gebühren. Doch wurde diesen Anträgen, abgesehen von geringfügigen Ermäßigungen, die im Jahre 1897 beschlossen wurden, nicht stattgegeben. Die Überschüsse seien, so wurde angeführt, nicht so beträchtlich, daß dadurch der Vieh- und Schlachthof seinen Charakter als wohlfahrtspolizeiliche Anstalt verliere. Eine Herabsetzung werde zudem nicht den Fleischkonsumenten zugute kommen, sondern nur den Fleischern.

Es werden im Viehhofe erhoben Gleisbenutzungs- und Wagendesinfektionsgebühren, ferner Marktgebühren, Fütterungs- und Einstreugebühren und Wägegebühren. Im Schlachthofe werden erhoben Schlachtgebühren, Fütterungsgebühren, Wägegebühren, und einige weniger wichtige Gebühren.

Die Markt- und die Schlachtgebühren sind die wichtigsten von allen diesen. Jene betragen für ein Rind 1,50 Mk., für ein Kalb 0,40 Mk., für ein Schaf 0,30 Mk., für eine Ziege 0,30 Mk., für ein Schwein 0,75 Mk. Die Schlachtgebühren betragen für ein Rind 4 Mk., für ein Kalb 60 Pf., für Schafe und Ziegen 40 Pf., für Schweine 2,50 Mk. und für Schweine unter 5 kg Lebendgewicht 1 Mk. Die Schlachtgebühr für ein Pferd einschließlich der Beschaugebühr beträgt 4 Mk., für einen Hund 50 Pf.

Im Beschauamt wird für die Beschau lebender Tiere an Gebühren erhoben: für ein Pferd 2 Mk., für ein Kalb 50 Pf., für ein Schaf 40 Pf., für eine Ziege 30 Pf., für ein Schwein 1 Mk. oder 25 Pf. für Schweine unter 5 kg Lebendgewicht. Die Gebühren für die Untersuchung von Fleisch, bei Schweinefleisch einschließlich der Untersuchung auf Trichinen, betragen 4 Mk. für ein Rind, 2,50 Mk. für ein Schwein und weniger, je nach der Menge des zu untersuchenden Fleisches. Abgesehen hiervon werden Gebühren für Arbeitsleistungen im Vieh- und Schlachthofe erhoben, wie für das Ausladen und den Transport des Viehes, für das Füttern und Tränken usw.

Die Abschreibungen für den Vieh- und Schlachthof wurden nach längeren Verhandlungen zwischen Rat und Stadtverordneten wie folgt geregelt:

Von dem gesamten Anlagekapital wird 1 ½ % jährlich getilgt; diese Beträge und ebenso die Zinsen von den bereits getilgten Summen des Anlagekapitals fließen je einem Tilgungs- und Erneuerungsfonds des Viehhofes und des Schlachthofes zu. Zu bestreiten haben diese Fonds die Anleihe-Tilgungsbeträge und die Kosten für die Erneuerungen der Anstalten.

Ferner wird 1 % der seinerzeit an die Fleischer gezahlten Entschädigungssumme — 377 316 Mk. — in Höhe von 3773,16 Mk. einem Fonds zur Tilgung dieses Betrages zugeführt.

Vom Anlagekapital für die Maschinen usw. werden jährlich 7 % zurückgelegt und beim Viehhofe dem Fonds zur Erneuerung und Unterhaltung der Gleisanlage und des Inventars und beim Schlachthofe dem Fonds zur Erneuerung und Unterhaltung der maschinellen Einrichtungen, der Kühlanlage, der Schlachthallen, der Gleisanlage und des Inventars zugeführt.

Weiter wird 1 % des Baukapitals zurückgelegt und je einem Fonds zur Unterhaltung des Viehhofes und des Schlachthofes zugeführt. Endlich wurden vom Jahre 1895 an auf eine Berieselungskondensatorenanlage 10 % abgeschrieben. Dieser Posten ist nunmehr erledigt.

Bei der Beratung des Haushaltplanes für das Jahr 1903 beantragten die Stadtverordneten, diese Abschreibungen wesentlich zu ermäßigen, da die Erfahrungen der Jahre seit der Begründung des Vieh- und Schlachthofes gelehrt hätten, daß die Sätze zu hoch bemessen seien, und da außerdem die Finanzlage der Stadt erfordere, daß auch aus dem Vieh- und Schlachthofe wenigstens geringe Überschüsse erzielt würden. Daß die Sätze zu hoch bemessen seien, ging nach der Auffassung der Stadtverordneten daraus hervor, daß die Bestände der Fonds ständig gewachsen waren. Ohne den Fonds für die Tilgung der an die Fleischer gezahlten Entschädigungen betrug der

Bestand der sämtlichen Fonds Ende des Jahres 1902 873 959 Mk., obwohl von den Summen, die seit der Gründung der Anstalt den Fonds entnommen worden waren, nämlich 1 296 508 Mk., rund 420 000 Mk., also etwa 1/3 nicht zu Erneuerungen, sondern zu Erweiterungsbauten verwendet worden waren, die nach der Auffassung der Stadtverordneten aus Anleihemitteln hätten bezahlt werden müssen.

Der Rat behielt aber die bisherigen Abschreibungssätze bei. Die Beträge seien nicht zu hoch, führte er aus. Denn wenn bisher für die Erneuerungsbauten die Mittel der Fonds noch nicht allzu stark in Anspruch genommen worden seien, so sei das darauf zurückzuführen, daß die Anlage noch verhältnismäßig neu sei. Bei der starken Abnutzung, der gerade die Bauten des Vieh- und Schlachthofes unterlägen, sei aber nicht zu bezweifeln, daß künftig wesentlich höhere Beträge für die Erneuerungen aufzuwenden sein würden. Es sei auch grundsätzlich bedenklich, aus dieser Anstalt große Überschüsse herauszuwirtschaften, ganz abgesehen davon, daß dieser Zweck durch die Verminderung der Abschreibungen wahrscheinlich gar nicht zu erreichen sein werde, denn voraussichtlich werde eine Herabsetzung der Abschreibungen und damit eine Erhöhung der Überschüsse nur zur Folge haben, daß die Gebühren herabgesetzt werden müßten. Die Stadt würde also aus der Herabsetzung keinen finanziellen Vorteil, wohl aber dafür eine weniger sicher fundierte Anlage erhalten.

Unterdes sind nun die Bestände der Fonds ununterbrochen weiter gewachsen; Ende des Jahres 1907 haben sie zusammen 1 618 227 Mk. betragen. Deshalb ist in jüngster Zeit auf Antrag der Stadtverordneten beschlossen worden, zunächst einmal im Jahre 1909 die Zinsen der Fondsbestände nicht diesen Fonds, sondern dem Betriebe des Vieh- und Schlachthofes zuzuführen, um so eine Erhöhung der Überschüsse zu erreichen.

Die finanziellen Ergebnisse, die demnach die Anstalten zu verzeichnen haben, zeigen die folgenden Zusammenstellungen, wozu nur noch zu bemerken ist, daß seit dem Jahre 1902 der Viehhof 10 000 Mk. und der Schlachthof 15 000 Mk. Beitrag zum allgemeinen Verwaltungsaufwand an die Stadtkasse gezahlt hat, und daß diese Summen unter den Ausgaben mit verzeichnet sind.

Viehhof.

Jahr	Einnahmen in Mark				Ausgaben in Mark					Überschüsse in Mark
	Gebühren	Mieten	sonstige	zusammen	Gehalte, Löhne	Betriebskosten	Zinsen	Abschreibung	zusammen	
1890	213 324,85	28 591,00	6 963,19	248 879,04	23 681,49	46 579,76	72 176,27	54 320,31	196 757,83	52 121,21
1895	304 542,65	25 651,67	8 329,55	338 523,87	27 946,34	72 878,18	79 929,36	60 990,04	241 743,92	96 779,95
1900	449 339,64	26 244,40	4 838,29	480 422,33	34 165,68	155 462,78	74 163,69	63 720,54	327 512,69	152 909,64
1901	465 123,78	26 584,40	4 595,20	496 303,38	38 063,81	179 000,34	73 539,32	64 344,91	354 948,38	141 355,00
1902	467 568,03	26 674,40	6 101,87	500 344,30	62 594,38	175 271,99	72 892,04	64 992,18	375 750,59	124 593,71
1903	490 692,79	28 457,20	8 548,48	527 698,47	63 863,67	177 628,72	72 220,87	65 663,36	379 376,62	148 321,85
1904	525 508,52	30 240,00	10 241,76	565 990,28	64 631,64	190 944,22	71 524,67	66 359,55	393 460,08	172 530,20
1905	518 665,34	33 747,42	13 580,14	565 992,90	66 378,67	203 692,20	144 727,40	71 740,89	486 539,16	79 453,74
1906	496 128,86	33 750,46	12 913,93	542 793,25	70 770,66	197 700,85	147 500,57	78 737,25	494 709,33	48 083,92
1907	605 701,94	33 807,06	14 497,70	654 006,70	71 780,30	251 290,46	146 907,85	115 433,65	585 412,26	68 594,44

Schlachthof.

Jahr	Einnahmen in Mark				Ausgaben in Mark					Überschüsse in Mark
	Gebühren	Mieten	sonstige	zusammen	Gehalte, Löhne	Betriebskosten	Zinsen	Abschreibung	zusammen	
1890	319 947,15	11 195,50	37 938,95	369 081,60	47 862,66	103 873,07	95 136,16	88 427,85	335 299,74	33 781,86
1895	454 248,00	11 075,00	66 793,17	532 116,17	63 834,92	148 273,95	106 464,35	96 080,48	414 653,70	117 462,47
1900	645 348,79	13 391,88	72 652,53	731 393,20	81 389,23	209 494,27	99 596,51	101 812,00	492 292,01	239 101,19
1901	641 356,55	17 149,25	110 686,91	769 192,71	104 343,39	218 840,06	150 249,71	162 031,76	635 464,92	133 727,79
1902	621 235,39	16 738,77	116 669,33	754 643,49	124 433,29	221 320,05	158 931,62	175 747,42	680 432,38	74 211,11
1903	649 820,44	17 064,50	116 275,28	783 160,22	130 457,38	244 804,14	156 410,29	175 892,05	707 563,85	75 596,37
1904	692 299,37	17 064,50	124 943,23	834 307,10	143 298,23	254 367,91	153 058,39	173 697,88	724 422,41	109 884,69
1905	669 660,65	25 540,00	130 895,11	826 095,76	152 624,66	243 399,74	165 693,05	181 884,86	743 602,31	82 493,45
1906	652 649,28	30 787,50	142 370,96	825 807,74	160 012,74	242 843,37	174 688,87	186 220,89	763 765,87	62 041,87
1907	733 697,88	30 725,00	145 882,39	910 305,27	167 522,23	260 777,76	179 649,74	195 768,93	803 718,66	106 586,61

Aufwand der Gesamtanstalt.

Jahr	Gehalte, Löhne Mk.	Betriebs-aufwand Mk.	Gesamt-ausgabe Mk.	Jahr	Gehalte, Löhne Mk.	Betriebs-aufwand Mk.	Gesamt-ausgaben Mk.
1890	42 951,24	15 896,14	58 847,38	1903	55 126,29	35 156,77	90 283,06
1895	52 245,28	22 955,12	75 200,40	1904	59 412,02	43 801,52	103 213,54
1900	75 517,16	34 174,38	109 691,54	1905	59 418,59	45 840,40	105 258,99
1901	82 817,00	32 850,48	115 667,48	1906	58 645,79	51 480,00	110 125,79
1902	51 592,32	37 033,70	88 626,02	1907	61 951,37	51 658,54	113 609,91

Vieh- und Schlachthof und Gesamtanstalt.

Jahr	Einnahmen in Mark			Ausgaben in Mark				Überschüsse
	Viehhof	Schlachthof	Zusammen	Gesamtanstalt	Viehhof	Schlachthof	Zusammen	Mk.
1890	248 879,04	369 081,60	617 960,64	58 847,38	196 757,83	335 299,74	590 904,95	27 055,69
1895	338 523,87	532 116,17	870 640,04	75 200,40	241 743,92	414 653,70	731 598,02	139 042,02
1900	480 422,33	731 393,20	1 211 815,53	109 691,54	327 512,69	492 292,01	929 496,24	282 319,29
1901	496 303,38	769 192,71	1 265 496,09	115 667,48	354 948,38	635 464,92	1 106 080,78	159 415,31
1902	500 344,30	754 643,49	1 254 987,79	88 626,02	375 750,59	680 432,38	1 144 808,99	110 178,80
1903	527 698,47	783 160,22	1 310 858,69	90 283,06	379 376,62	707 563,85	1 177 223,53	133 635,16
1904	565 990,28	834 307,10	1 400 297,38	103 213,54	393 460,08	724 422,41	1 221 096,03	179 201,35
1905	565 992,90	826 095,76	1 392 088,66	105 258,99	486 539,16	743 602,31	1 335 400,46	56 688,20
1906	542 793,25	825 807,74	1 368 600,99	110 125,79	494 709,33	763 765,87	1 368 600,99	—
1907	654 006,70	910 305,27	1 564 311,97	113 609,91	585 412,26	803 718,66	1 502 740,83	61 571,14

Die städtische **Schlachtviehversicherung** sowohl wie die **Freibank** werden als selbständige Betriebe verwaltet; beide sollen ihrer Natur *nach Überschüsse nicht bringen. Ergeben sie doch solche Überschüsse, so werden* diese einem Reservefonds zugeführt, dem dann die Mittel entnommen werden, wenn sich etwa beim Betriebe Verluste ergeben sollten.

Diesem Grundsatze gemäß werden für die Schlachtviehversicherung die Prämien festgesetzt, die von den Viehbesitzern zu zahlen sind. Im Jahre 1907 haben diese Prämien betragen für männliche Rinder außersächsischer Herkunft 6,50 Mk., für weibliche 7,50 Mk., für Schweine 0,60 Mk., für Rinder sächsischer Herkunft 4 Mk., für Schweine sächsischer Herkunft 40 Pf. Der Reservefonds der Schlachtviehversicherungsanstalt hatte am Ende des Jahres 1907 an Bestand 214 588 Mk.

Die Erlöse, die bei der Freibank erzielt werden, werden nach Abzug der erwachsenen Auslagen und städtischen Gebühren dem Eigentümer des verkauften Fleisches ausgezahlt. Aus den Gebühreneinnahmen, die einem besonderen Konto zufließen, werden die Ausgaben für die Verwaltung der Freibank gedeckt. Der Reservefonds, der für dieses Konto gebildet worden ist, hatte am Ende des Jahres 1907 einen Bestand von 27 092 Mk. Die geschäftlichen Ergebnisse der Versicherungsanstalt und der Freibank zeigen die folgenden Zusammenstellungen:

Städtische Schlachtviehversicherung.

Jahr	Einnahmen in Mark					
	Versicherungsgebühren	Erlös von beanstandeten Tieren usw.	staatlicher Verwaltungsbeitrag	Schätzungsgebühren	aus dem Reservefonds	zusammen
1890[1]	43 828,00	74 996,93	—	—	—	118 824,93
1895	269 751,50	142 766,98	—	—	—	412 518,48
1900	381 510,50	163 566,76	—	—	—	545 077,26
1901	324 128,70	163 609,61	4 532,54	3 633,00	14 188,86	510 092,71
1902	318 418,90	172 901,66	2 914,39	1 527,00	24 600,87	520 362,82
1903	337 693,10	164 040,43	4 159,56	1 108,50	—	507 001,59
1904	361 473,70	189 206,95	3 182,95	895,00	—	554 758,60
1905	310 386,00	244 638,57	2 944,74	906,00	29 297,18	588 172,49
1906	300 889,70	248 680,55	4 517,00	832,00	6 364,58	561 283,83
1907	331 843,60	223 479,23	1 949,63	804,00	—	558 076,46

[1] 1890: September bis Dezember.

Städtische Schlachtviehversicherung (Fortsetzung).

Jahr	Ausgaben in Mark				
	Entschädigung usw.	Schätzungsgebühren	Verwaltungskosten	zum Reservefonds	zusammen
1890[1]	114 516,79	6,00	1 666,66	2 635,48	118 824,93
1895	397 918,74	—	5 025,00	9 574,74	412 518,48
1900	480 274,22	—	6 000,00	58 803,04	545 077,26
1901	503 592,71	500,00	6 000,00	—	510 092,71
1902	514 862,82	500,00	5 000,00	—	520 362,82
1903	401 555,63	400,00	8 000,00	97 045,96	507 001,59
1904	475 631,50	400,00	8 000,00	70 727,10	554 758,60
1905	579 772,49	400,00	8 000,00	—	588 172,49
1906	553 150,70	133,13	8 000,00	—	561 283,83
1907	545 373,10	321,60	8 000,00	4 381,76	558 076,46

[1]) 1890: September bis Dezember.

Freibank.

Jahr	Erlöse aus dem verkauften Fleisch usw. Mk.	Ausgaben in Mark		
		Gebühren und Verläge	ausgezahlte Erlöse	zusammen
1890	245 338,35	9 581,37	235 756,98	245 338,35
1895	184 769,67	12 992,81	171 776,86	184 769,67
1900	228 200,22	17 048,54	211 151,68	228 200,22
1901	253 612,88	18 925,57	234 687,31	253 612,88
1902	280 688,30	19 264,26	261 424,04	280 688,30
1903	259 870,53	14 907,57	244 962,96	259 870,53
1904	264 286,18	15 593,17	248 693,01	264 286,18
1905	330 011,12	17 699,55	312 311,57	330 011,12
1906	339 154,69	16 914,45	322 240,24	339 154,69
1907	302 565,30	16 820,66	285 744,64	302 565,30

Sonderkonto der Freibank.

Jahr	Einnahmen Mk.	Ausgaben in Mark		
		Gebühren usw.	an den Reservefonds	zusammen
1890	8 964,02	8 832,65	131,37	8 964,02
1895	12 880,81	12 067,16	813,65	12 880,81
1900	16 953,54	14 765,59	2 187,95	16 953,54
1901	18 816,07	16 287,81	2 528,26	18 816,07
1902	19 186,26	16 723,27	2 462,99	19 186,26
1903	14 799,57	12 990,81	1 808,76	14 799,57
1904	15 473,17	14 037,38	1 435,79	15 473,17
1905	17 663,55	15 068,51	2 595,04	17 663,55
1906	16 824,45	14 968,63	1 855,82	16 824,45
1907	16 751,66	14 854,92	1 896,74	16 751,66

6. Die Markthalle.

Die Markthalle dient ebenso wie der Vieh- und Schlachthof der Lebensmittelversorgung der städtischen Bevölkerung; sie kann also ebensowenig wie jene Anstalt lediglich oder vorwiegend als Erwerbsinstitut betrieben werden. Tatsächlich lag auch bei der Errichtung der Markthalle ebenfalls eine Absicht, Gewinn aus dem Unternehmen zu ziehen, nicht vor. Ihre Erträgnisse sollten nur so hoch sein, daß die Betriebskosten gedeckt und eine angemessene Verzinsung und Amortisation möglich war. Erst in jüngster Zeit machten sich auch bei der Markthalle Bestrebungen geltend, auch aus diesem Unternehmen möglichst hohe Überschüsse für die Stadtkasse herauszuwirtschaften, doch haben diese Bestrebungen bisher nicht den Erfolg gehabt, daß man jenen grundsätzlichen Standpunkt aufgegeben hätte.

Die Tarife für die Verkaufsstände und die sonstigen Gebühren, die in der Markthalle erhoben werden, sind demgemäß im allgemeinen so festgesetzt worden, daß die Aussicht auf eine angemessene Verzinsung und Amortisation des Anlagekapitals besteht. Im einzelnen ist bei der Festsetzung der Gebühren die Rücksicht auf die beste Lebensmittelversorgung der Stadt mit ausschlaggebend. Deshalb werden z. B. die Standpreise für verschiedene Waren verschieden berechnet und je nach dem Bedarfe abgeändert. Deshalb werden ferner an den Hauptmarkttagen, an denen sehr großer Andrang herrscht, höhere Mieten für die Stände erhoben als sonst, deshalb sind auch nach den Jahreszeiten die Mieten verschieden. Alle Stände werden auch im Abonnement vergeben, natürlich wesentlich billiger, als bei Vermietung auf Tage. Der Mietpreis beträgt gegenwärtig zwischen 20 und 175 Pf. für einen Quadratmeter und einen Tag, der Preis für Kellerräume bewegt sich zwischen 5 und 10 Pf. für den Tag, bei Jahresmiete ist er noch beträchtlich geringer.

Nach denselben Grundsätzen sind die Gebühren für die Kühlräume und die Lagerräume festgesetzt; die Wiegegebühren richten sich nach der Höhe des Gewichtes der gewogenen Waren.

Die Abschreibungen und Rücklagen sind nach langen Verhandlungen und nachdem die gesamten Anlagekosten der Markthalle endgültig festgestellt waren, wie folgt festgesetzt worden: 1 % des gesamten Anlagekapitals in Höhe von 3 789 452,4 Mk. wird mit 33 000 Mk. dem Tilgungsfonds und mit 4894 Mk. dem Erneuerungsfonds zugeführt. 1 % des für Bauten aufgewendeten Betrages von 2 001 645 Mk., also 20 016,4 Mk. fließen in den Fonds zur Unterhaltung der Baulichkeiten, 10 % der für Maschinen usw. aufgewendeten Kosten in Höhe von 229 132,91 Mk., also 22 913,29 Mk., fließen in den Fonds für die Unterhaltung und Neubeschaffung der Maschinen usw.

Mit Rücksicht auf die ungünstige Finanzlage der Stadt beantragten die Stadtverordneten im Jahre 1902, auch die Abschreibungen für die Markthalle wesentlich herabzusetzen. Der Rat lehnte das aber ab, weil eine Herabsetzung lediglich zur Folge haben werde, daß die Interessenten eine Herabsetzung der Standgelder und sonstigen Gebühren fordern würden, außerdem aber dann auch die von der Markthalle zu zahlende Einkommensteuer in die Höhe gehen werde. Überdies sei tatsächlich die Finanzlage der Stadt nicht so, daß sie eine Änderung der vorsichtigen Wirtschaft bei der Markthalle gerechtfertigt erscheinen lasse.

Es ist deshalb zunächst bei dem angegebenen Abschreibungsmodus geblieben. Doch ist, wie schon angedeutet wurde, neuerdings auch bei diesem Betriebe wieder angeregt worden, die Überschüsse möglichst zu erhöhen, was durch Herabsetzung der Abschreibungen erreicht werden soll. Einstweilen hat das auch bei der Markthalle dahin geführt, daß im Jahre 1909 den Fonds die Zinsen ihrer Bestände nicht mehr zufließen werden, im übrigen schweben noch Verhandlungen zwischen den Stadtverordneten und dem Rate der Stadt.

Wie sich die finanziellen Verhältnisse der Markthalle gestaltet haben, zeigt die folgende Zusammenstellung, wozu noch zu bemerken ist, daß sich unter den Ausgaben seit dem Jahre 1900 6000 Mk., seit 1906 6500 Mk. für die Benutzung des Roßplatzes zu Marktzwecken befinden, wofür vorher die Markthalle nichts zu bezahlen hatte. Als Beitrag zum allgemeinen Verwaltungsaufwand hat die Markthalle vom Jahre 1902 an 2000 Mk., später 3000 Mk. an die Stadtkasse bezahlt, die in den Ausgaben mit enthalten sind.

Die Fonds der Markthalle wiesen am Schlusse des Jahres 1907 einen Bestand von zusammen rund 101 800 Mk. auf.

Jahr	Einnahmen in Mark			
	Mieten	Standgelder	sonstige	zusammen
1891	13 504	187 487	2293	203 284
1895	21 547	304 628	4859	331 034
1900	20 430	321 283	7441	349 154
1901	21 480	317 053	7334	345 867
1902	21 830	320 769	7615	350 214
1903	21 830	324 335	7959	354 124
1904	21 855	327 424	7527	356 806
1905	21 930	317 284	7491	346 705
1906	21 945	318 141	7524	347 610
1907	21 975	321 025	7947	350 947

Jahr	Ausgaben in Mark					Überschüsse in Mark
	Gehalte, Löhne	Verzinsung	Abschreibung	sonstige	zusammen	
1891	29 160	73 943	52 438	22 395	177 936	25 348
1895	58 392	136 967	80 726	39 014	315 099	15 935
1900	73 589	137 260	80 824	46 634	338 307	10 847
1901	76 600	136 551	80 824	49 967	343 942	1 925
1902	76 916	135 817	80 824	50 218	343 775	6 439
1903	77 007	135 057	80 824	49 056	341 944	12 180
1904	80 111	134 269	80 824	47 152	342 356	14 450
1905	82 203	130 593	80 824	45 652	339 272	7 433
1906	86 114	129 749	80 824	48 262	344 949	2 661
1907	87 585	128 876	80 824	48 042	345 327	5 620

7. Das Leihhaus und die Sparkasse.

Das Leihhaus gewährte von Anfang an und gewährt noch jetzt auf die Pfänder Darlehen, die mit 8 % zu verzinsen sind. Für Darlehen, die gegen Verpfändung von Wertpapieren und von Leipziger Sparkassenbüchern gewährt werden, berechnet das Leihhaus seit dem Jahre 1899 nur noch 6 % Zinsen. Gewinne soll das Leihhaus nicht machen, sondern es sollen nach dem Statut die Zinsen, die für die Darlehen zu zahlen sind, herabgesetzt werden, wenn sich Gewinne ergeben sollten, die das rechtfertigen.

Auch die städtische Sparkasse ist nicht als gewinnbringendes Unternehmen gegründet worden. Nach dem Statut sollten Überschüsse, die sich wider Erwarten etwa ergeben würden, zunächst einem Reservefonds zugeführt werden und wenn das nicht mehr nötig erscheinen sollte, zur Erhöhung des Zinsfußes verwendet werden. Das hat sich jedoch im Laufe der Jahre geändert. So heißt es in der neu bearbeiteten Sparkassenordnung vom Jahre 1877, daß die Überschüsse dem Reservefonds nur solange zuzuführen seien, bis dieser Fonds 10 % des gesamten Guthabens der Einleger betrage. Die weiteren Überschüsse können zu gemeinnützigen städtischen Zwecken, insbesondere für Schulen und Stiftungen verwendet werden. Und diese Bestimmung ist später dahin erweitert worden, daß von den Überschüssen in erster Linie ein Reservefonds zu bilden ist, dessen Höhe dem Betrage von 5 % der Spareinlagen entspricht. Der darnach sich ergebende Reingewinn kann von der Stadt „zu gemeinnützigen Zwecken, insbesondere für Schulen und Stiftungen, Armenwesen und Wohltätigkeitszwecke dergestalt verwendet werden, daß die Stadtkasse um den hierdurch gedeckten Aufwand für solche Zwecke erleichtert wird“.

Der grundsätzliche Standpunkt, daß die Gemeinde aus dem Betriebe der Sparkasse keine Gewinne ziehen solle für ihre sonstigen Verwaltungszwecke, ist also nach und nach mehr und mehr verlassen worden, und heutzutage gilt es für selbstverständlich, daß auch die Sparkasse Überschüsse abwirft. In jüngster Zeit ist sogar wiederholt bei den Stadtverordneten der Auffassung Ausdruck gegeben worden, daß die Sparkasse so betrieben werden müsse, daß für die Stadtkasse möglichst hohe Überschüsse, jedenfalls höhere als bisher, erzielt würden.

Bei der Festsetzung des Zinsfußes, den die Sparkasse für die Einlagen zahlt, spielt also jetzt im Gegensatz zu früher die Erwerbsabsicht der Gemeinde eine Rolle mit. Gegenwärtig beträgt der Zinsfuß 3 %.

Im übrigen ist zu den folgenden Zusammenstellungen der finanziellen Ergebnisse des Leihhauses und der Sparkasse zu bemerken:

Die Tabellen zeigen die Ergebnisse des regulären Geschäftsbetriebes der Sparkassen, d. h. des Geschäftes ohne die Gewinne und Verluste, die durch Schwankungen der Kurse der Wertpapiere entstehen, in denen ein Teil des Einlegerguthabens angelegt ist.

Das Leihhaus und die Sparkasse I werden gemeinschaftlich verwaltet. Es ist deshalb nicht möglich, genaue Sonderrechnungen für jedes dieser Institute aufzustellen. Allerdings stellt die Verwaltung solche Sonderübersichten her, aber sie geben kein einwandfreies Bild. Es werden nämlich in diesen Übersichten von den Verwaltungskosten $^2/_5$ dem Leihhausbetriebe, und $^3/_5$ dem Sparkassenbetriebe zur Last geschrieben, ob diese Teilung aber richtig ist, läßt sich nicht feststellen. Wenn also nach diesen Aufstellungen das Leihhaus früher regelmäßig kleine Überschüsse ergeben hat, die dem Reservefonds zugeführt worden sind, und wenn in jüngster Zeit immer kleine Verluste zu verzeichnen gewesen sind — im Jahre 1900 z. B. 5926 Mk., 1906 5399 Mk., 1907 3540 Mk. —, so sind das eben nur buchmäßige Ergebnisse.

Jahr	**Leihhaus und Sparkasse I.**			**Sparkasse II.**		
	Einnahmen Mk.	Ausgaben Mk.	Gewinn Mk.	Einnahmen Mk.	Ausgaben Mk.	Gewinn Mk.
1890	545 139,26	229 025,88	316 113,38	—	—	—
1895	635 426,49	282 005,88	353 420,61	—	—	—
1900	773 961,56	548 043,47	225 918,09	171 918,32	139 029,17	32 889,15
1901	761 825,48	491 752,40	270 073,08	173 620,69	140 154,58	33 466,11
1902	796 009,10	421 100,01	374 909,09	185 306,76	98 764,27	86 542,49
1903	827 543,62	386 569,80	440 973,82	193 410,81	95 147,24	98 263,57
1904	855 897,92	354 306,17	501 591,75	200 186,66	102 619,56	97 567,10
1905	862 187,62	363 015,97	499 171,65	211 458,54	95 248,54	116 210,00
1906	921 323,76	326 429,94	594 893,82	225 120,09	91 105,34	134 014,75
1907	950 633,00	314 459,23	636 173,77	237 454,39	58 951,63	178 502,76

8. Der Lagerhof mit der Ratswage; das Eichamt.

Der Lagerhof sollte als ein dem allgemeinen Besten dienendes Institut zunächst keine Überschüsse abwerfen, aber die Stadt wollte auch keine Zuschüsse dafür aufbringen, er sollte sich also selbst erhalten. Demgemäß wurden die Gebühren eingerichtet. Tatsächlich hat allerdings der Lagerhof seit dem Jahre 1901, abgesehen von dem Jahre 1907, das kein volles Geschäftsjahr gewesen ist, Zuschüsse erfordert.

Dagegen sollten die Ratswage und auch das Eichamt Gewinne abwerfen, was auch immer der Fall gewesen ist, beim Eichamt wenigstens, nachdem es die Stadt im Jahre 1874 wieder übernommen hatte. Im übrigen sei auf die folgenden Tabellen verwiesen. Näher auf die finanziellen Ergebnisse dieser Betriebe einzugehen erscheint nicht nötig, da sie sämtlich nicht mehr bestehen.

Lagerhof mit Ratswage.

Jahr	Einnahmen in Mark		
	des Lagerhofes	der Wage	zusammen
1890	80 662,31	4604,15	85 266,46
1895	94 190,89	4928,83	99 119,72
1900	113 970,95	4189,38	118 160,33
1901	108 558,60	4203,47	112 762,07
1902	99 882,84	4542,49	104 425,33
1903	95 945,28	3918,64	99 863,92
1904	96 313,09	3804,39	100 117,48
1905	91 174,67	3774,37	94 949,04
1906	90 695,43	3822,21	94 517,64
1907 bis 30. September	70 109,96	3967,43	74 077,39

Jahr	Ausgaben in Mark				Überschuß (+) Zuschuß (—) in Mk.
	des Lagerhofes		der Wage	Zusammen	
	Zinsen	Sonstiges			
1890	48 872,42	45 625,32	3504,10	98 001,84	— 12 735,38
1895	48 846,71	44 814,49	4014,98	97 676,18	+ 1 443,54
1900	48 544,50	54 383,96	3868,63	106 797,09	+ 11 363,24
1901	48 817,72	55 452,27	3856,41	108 126,40	+ 4 635,67
1902	48 779,51	52 556,59	3677,98	105 014,08	— 588,75
1903	48 714,43	52 857,53	3617,59	105 189,55	— 5 325,63
1904	48 649,36	48 012,49	3585,52	100 247,37	— 129,89
1905	48 584,28	48 109,88	3519,46	100 213,62	— 5 264,58
1906	48 519,21	48 101,09	3747,86	100 368,16	— 5 850,52
1907 bis 30. September	36 340,60	31 980,73	3635,22	71 956,55	+ 2 120,84

Eichamt.

Jahr	Einnahmen Mk.	Ausgaben Mk.	Überschüsse Mk.
1880	?	?	9 263,73
1885	17 014,61	1 420,98	15 593,63
1890	34 125,19	16 265,52	17 859,67
1891	30 184,84	15 433,62	14 751,22
1892	29 868,80	16 829,89	13 038,91

9. Die Stadtkellerei.

Die Stadtkellerei ist als gewinnbringendes Unternehmen ins Leben gerufen worden und hat bisher auch stets Gewinne abgeworfen. Die Überschüsse sind allerdings bisher nicht der Stadtkasse zugeflossen, sondern sie werden, soweit sie nicht zur Tilgung des Darlehens, das die Stadtkellerei von der Sparkasse erhalten hat, gebraucht werden, zur Vergrößerung des Weinlagers verwendet. Im Jahre 1907 ist ein Betrag von 26 084 Mk. von den Gewinnen der Stadtkellerei zur Herstellung einer Kühlanlage verwendet worden. Um auch aus dem Betriebe der Stadtkellerei für die Stadtkasse einen Vorteil zu erzielen, sollen vom Jahre 1909 an 3 ½ % Zinsen von den von der Stadtkellerei erzielten Gewinnen an die Stadtkasse abgeführt werden.

Die Einnahmen, Ausgaben und Überschüsse der Stadtkellerei waren bis jetzt die folgenden:

Jahr	Einnahmen Mk.	Ausgaben Mk.	Überschüsse Mk.
1905	353 250,91	267 102,73	86 148,18
1906	334 397,09	243 745,75	90 651,34
1907	355 686,36	263 242,43	92 443,93

II.

Die Zuschußbetriebe.

1. Die städtischen Bäder, die Desinfektionsanstalt und die Chemische Untersuchungsanstalt.

Die städtischen Bäder dienen ausschließlich, die Desinfektionsanstalt und die Chemische Untersuchungsanstalt wenigstens teilweise der Befriedigung von Bedürfnissen der Gemeindeangehörigen und sonstiger Privatpersonen. Es besteht aber in allen drei Fällen ein sehr beträchtliches öffentliches Interesse an der Befriedigung der Bedürfnisse, um die es sich hier handelt, alle drei Betriebe bilden sehr wichtige Zweige der öffentlichen Gesundheitspflege. Deshalb hat die Gemeinde diese Anstalten nicht eingerichtet mit der Absicht, Gewinn daraus zu ziehen und demgemäß werden entweder gar keine Gegenleistungen für die Inanspruchnahme dieser Anstalten von den Privaten gefordert, oder doch nur so geringe, daß dadurch die Selbstkosten nicht gedeckt werden.

Im einzelnen ist zu bemerken: Das städtische Zentralbad berechnet für die Bäder im allgemeinen die Sätze, die in den Leipziger Privatbädern üblich sind. Es werden aber sehr viele Bäder unentgeltlich oder zu geringen Sätzen abgegeben an Mitglieder von Krankenkassen usw., wenn eine ärztliche Verordnung vorliegt. In den städtischen Brausebädern kostet 1 Bad 10 Pf.

Die Desinfektionsanstalt forderte von Anfang an von den Betroffenen die Bezahlung der Desinfektionskosten. Doch wurde hier sehr große Nachsicht geübt und jedenfalls Nachlaß gewährt, wenn die Betroffenen nicht mehr als 1500 Mk. Einkommen zu versteuern hatten. In den Jahren 1900 bis 1904 betrug die Summe der so erlassenen Kosten ungefähr 3500 Mk. im Jahre.

Im Jahre 1904 beschlossen die städtischen Körperschaften, grundsätzlich in allen Krankheitsfällen, wo nach den Reichs- oder Landesgesetzen oder Verordnungen, oder nach örtlichen Vorschriften, oder endlich nach Anordnungen der Gesundheitspolizeibehörden Desinfektionen durch die städtische Anstalt vorzunehmen sind, irgend welche Gebühren nicht zu erheben und auch die Erstattung der tatsächlichen Verläge der Anstalt nicht zu fordern. Weitaus die meisten Desinfektionen werden seitdem unentgeltlich besorgt.

Die Chemische Untersuchungsanstalt erhebt Gebühren für die Untersuchungen des zollausländischen Fleisches und des eingeführten Baumöles. Außerdem fließen ihr nach § 17 des Nahrungsmittelgesetzes vom 14. Mai 1879 die auf Grund dieses Gesetzes auferlegten Strafen zu. Die übrigen Untersuchungen besorgt sie zum allergrößten Teile unentgeltlich. Den Hauptteil der Einnahmen bilden die erwähnten Strafen. Im übrigen ergeben sich die finanziellen Ergebnisse der drei Betriebe aus den folgenden Tabellen:

Die städtischen Bäder.

Jahr	Ausgaben in Mark					Einnahmen in Mk.	Zuschuß (—) Überschuß (+) in Mk.
	Besoldung, Löhne	Wasserzins	Verzinsung, Tilgung	sonstige	zusammen		
			Stadtbad:				
1890	4 210,52	195,80	—	9 211,91	13 618,23	13 390,60	— 227,63
1895	6 549,19	487,85	—	8 465,10	15 502,14	12 741,10	— 2 761,04
1900	7 207,50	907,72	—	13 283,18	21 398,40	14 941,80	— 6 456,60
1901	7 364,43	768,79	—	10 908,17	19 041,39	21 449,30	+ 2 407,91
1902	7 163,92	768,28	—	10 143,49	18 075,69	17 675,90	— 399,79
1903	7 163,92	737,93	—	9 396,66	17 298,51	16 160,00	— 1 138,51
1904	7 269,25	650,72	—	9 159,24	17 079,21	16 590,00	— 489,21
1905	6 838,75	604,48	—	9 219,12	16 662,35	14 987,00	— 1 675,35
1906	6 309,00	609,38	—	9 041,16	15 959,54	13 419,00	— 2 540,54
1907 [1]	3 210,00	261,08	—	4 835,58	8 306,66	6 626,05	— 1 680,61
			Zentralbad:				
1902	8 878,55	728,64	4 050,00	19 604,95	33 262,14	23 386,10	— 9 876,04
1903	9 183,80	1 024,56	4 278,79	23 581,20	38 068,35	26 774,40	— 11 293,95
1904	10 449,94	1 183,28	4 294,81	27 046,81	42 974,84	29 986,13	— 12 988,71
1905	11 605,72	1 126,48	4 294,82	19 884,77	36 911,79	32 986,62	— 3 925,17
1906	11 967,82	622,22	4 294,82	22 093,19	38 978,05	33 027,33	— 5 950,72
1907	12 495,00	1 007,28	4 294,82	26 140,98	43 938,08	34 860,31	— 9 077,77
			Volksbrausebäder:				
1895	1 560,00	1 284,93	—	7 218,97	10 063,90	10 200,00	+ 136,10
1900	5 398,35	3 475,52	3 745,60	20 311,72	32 931,19	23 672,80	— 9 258,39
1901	6 472,34	4 207,14	6 144,10	20 234,34	37 057,92	26 827,20	— 10 230,72
1902	6 947,00	4 348,20	6 143,01	20 494,48	37 932,69	27 300,00	— 10 632,69
1903	6 686,65	4 449,04	6 182,24	21 319,67	38 637,60	28 700,00	— 9 937,60
1904	7 237,60	4 174,07	6 215,39	20 916,71	38 543,77	28 400,00	— 10 143,77
1905	6 720,00	4 261,94	6 198,82	21 436,39	38 617,15	27 300,00	— 11 317,15
1906	7 486,67	4 228,47	6 198,82	23 704,07	41 618,05	26 950,00	— 14 668,03
1907	7 732,31	4 430,67	6 198,82	21 863,51	40 225,31	28 550,00	— 11 675,31

[1] Der Betrieb des Stadtbades ist mit dem 30. Juni 1907 wegen Abbruchs der Gebäude geschlossen worden.

Städtische Badeanstalten L.-Connewitz und L.-Kleinzschocher und städtisches Freibad.

Jahr	Ausgaben in Mark			Einnahmen in Mark			Zuschüsse	Unterhaltung des städtischen Freibades
	Ausbesserung und Unterhaltung der Badeanstalt in		zusammen	Pachtgeld von der Badeanstalt in		zusammen		
	L.-Connewitz	L.-Kleinzschocher		L.-Connewitz	L.-Kleinzschocher		Mk.	Mk.
1890	—	—	—	—	—	—	—	1 506,73
1895	1 699,87	902,43	2 602,30	100,00	—	100,00	2 502,30	1 111,61
1900	1 244,87	1 170,70	2 415,57	100,00	—	100,00	2 315,57	1 274,44
1901	1 467,98	1 386,04	2 854,02	100,00	—	100,00	2 754,02	1 199,28
1902	2 412,12	1 518,93	3 931,05	100,00	—	100,00	3 831,05	1 006,20
1903	1 044,22	1 194,62	2 238,84	100,00	—	100,00	2 138,84	1 249,78
1904	1 201,94	2 140,33	3 342,27	100,00	—	100,00	3 242,27	2 027,72
1905	1 096,09	1 331,47	2 427.56	100,00	100,00	200,00	2 227,56	1 850,58
1906	1 357,21	1 365,46	2 722,67	100,00	100,00	200,00	2 522,67	2 145,23
1907	1 641,66	1 534,51	3 176,17	100,00	100,00	200,00	2 976,17	2 283,02

Alle Bäder zusammen.

Jahr	Einnahmen Mk.	Ausgaben Mk.	Zuschüsse Mk.	Jahr	Einnahmen Mk.	Ausgaben Mk.	Zuschüsse Mk.
1890	13 390,60	15 124,96	1 734,36	1903	71 734,40	97 493,08	25 758,68
1895	23 041,10	29 279,95	6 238,85	1904	75 076,13	103 967,81	28 891,68
1900	38 714,60	58 019,60	19 305,00	1905	75 473,62	96 469,43	20 995,81
1901	48 376,50	60 152,61	11 776,11	1906	73 596,33	101 423,52	27 827,19
1902	68 462,00	94 207,77	25 745,77	1907	70 236,36	97 929,24	27 692,88

Desinfektionsanstalt.

Jahr	Einnahmen in Mark	Ausgaben in Mark				Zuschüsse in Mark
		Besoldungen, Löhne	Verzinsung, Tilgung	Sonstiges	Zusammen	
1901	10 885,85	6 179,50	—	9 090,42	15 269,92	4 384,07
1902	10 687,56	8 367,50	—	10 155,19	18 522,69	7 835,13
1903	13 522,11	8 767,51	—	9 542,65	18 310,16	4 788,05
1904	13 312,52	9 593,37	—	11 574,32	21 167,69	7 855,17
1905	4 842,44	13 232,49	—	17 806,37	31 038,86	26 196,42
1906	5 817,05	22 900,05	5 785,03	14 373,48	43 058,56	37 241,51
1907	6 092,30	24 318,18	7 495,25	15 023,09	46 836,52	40 744,22

Chemische Untersuchungsanstalt.

Jahr	Einnahmen, Gebühren u. Strafen in Mark	Ausgaben in Mark				+ Überschuß — Zuschuß in Mark
		Besoldungen, Löhne	Miete	Sonstiges	Zusammen	
1904	12 643,80	14 072,20	1 000,00	10 809,74[1]	25 881,94	— 13 238,14
1905	20 126,65	17 576,60	1 000,00	3 298,34	21 874,94	— 1 748,29
1906	25 419,88	19 002,00	1 000,00	3 595,00	23 597,00	+ 1 822,88
1907	21 226,26	20 955,48	1 000,00	3 806,68	25 762,16	— 4 535,90

[1] Einschließlich 6 912,42 M. für Einrichtung der neugegründeten Anstalt.

2. Die reinen Ausgabewirtschaften.

Die reinen Ausgabenbetriebe haben nach der Stadtrechnung die folgenden Ergebnisse gehabt:

a) Die Abteilung für die Straßenreinigung.

Jahr	Einnahmen in Mark					
	Straßenreinigung					
	Erlös für verkauften Pferdedünger	Beitrag zur Straßenreinigung			sonstige	zusammen
		der Schulen	der Straßenbahnen	d. Johannishospitals		
1890	7 170,00	8 925,00	15 023,46	500,00	2 689,50	34 307,96
1895	4 006,75	20 948,15	30 936,65	18 322,15	5 258,93	79 472,63
1900	2 161,50	24 049,90	125 091,57	32 696,65	2 552,92	186 552,54
1901	2 125,25	26 352,11	139 799,25	31 086,91	3 365,83	202 729,35
1902	3 386,75	25 953,20	123 455,05	30 668,05	2 531,13	185 994,18
1903	4 263,75	26 986,85	111 347,72	29 895,25	2 348,55	174 842,12
1904	4 715,00	26 930,05	118 887,37	27 706,00	1 897,94	180 136,36
1905	3 451,75	27 663,60	122 201,94	28 234,85	1 999,79	183 551,93
1906	2 846,25	28 605,26	122 468,12	33 573,75	2 061,37	189 554,75
1907	2 202,50	30 213,48	132 923,02	31 939,95	10 026,45	207 305,40

a) Die Abteilung für die Straßenreinigung (Fortsetzung).

Jahr	Ausgaben in Mark							Zuschüsse in Mark
	Straßenreinigung				Bedienung und Reinigung der öffentlichen Bedürfnisanstalten	Unterhaltung der Makadamstraßen, Kiesfußwege usw.	Gesamtausgaben	
	Aufwand d. Straßenreinigung	Hiervon für						
		Schneebeseitigung	Straßenbesprengung	Sandstreuen				
1890	253 872,89	42 992,80	79 783,66	6 833,86	12 343,42	113 068,45	379 284,76	344 976,80
1895	525 780,62	169 282,69	118 392,93	16 578,87	14 518,17	179 917,10	720 215,89	640 743,26
1900	736 710,23	116 306,94	127 390,97	21 201,04	27 585,60	234 683,14	998 978,97	812 426,43
1901	866 770,02	214 550,81	150 452,17	26 849,98	25 743,21	228 774,70	1 121 287,93	918 558,58
1902	798 663,19	140 746,95	125 250,47	19 118,36	29 187,13	185 834,75	1 013 685,07	827 690,89
1903	723 702,17	17 115,39	148 426,11	22 322,96	29 155,45	180 281,47	933 139,09	758 296,97
1904	806 675,69	52 695,96	173 325,32	23 379,66	30 408,69	184 357,84	1 021 442,22	841 305,86
1905	824 626,66	57 971,26	154 762,02	25 670,33	30 748,91	192 028,57	1 047 404,14	863 852,21
1906	914 106,54	122 322,96	163 644,90	24 817,48	31 729,57	196 162,91	1 141 999,02	952 444,27
1907	1 033 064,27	212 939,88	172 884,05	29 981,42	36 702,54	184 101,33	1 253 868,14	1 046 562,74

b) Die Sandgruben.

Jahr	Einnahmen Mk.	Davon Erlös für verkauften Sand		Ausgaben Mk.	Überschuß (+) Zuschuß (—) Mk.
		zum eigenen Verbrauch Mk.	an Private Mk.		
1880	18 878,44	?	?	10 830,94	+ 8 047,50
1890	12 418,00	9 735,00	2 683,00	8 765,36	+ 3 652,64
1895	32 433,70	12 672,00	19 674,70	16 544,55	+ 15 889,15
1900	17 738,10	12 988,30	4 749,80	9 519,31	+ 8 218,79
1901	19 625,25	10 610,00	9 015,25	13 326,37	+ 6 298,88
1902	14 571,80	10 093,90	4 477,90	16 527,53	— 1 955,73
1903	40 018,30	29 815,20	10 203,10	23 822,53	+ 16 195,77
1904	45 413,70	42 430,80	2 982,90	30 682,36	+ 14 731,34
1905	44 936,80	42 648,00	2 288,80	27 220,45	+ 17 716,35
1906	42 227,80	40 733,40	1 494,40	43 624,68	— 1 396,88
1907	37 774,00	34 645,80	3 128,20	33 364,35	+ 4 409,65

c) Der Steinbruch Graßdorf.

Jahr	Erlös aus Steinen Mk.	Davon		Für Löhne und Unterhaltung Mk.	Überschuß (+) Zuschuß (—) Mk.
		eigener Verbrauch Mk.	an Private Mk.		
1890	66 623,04	42 662,99	23 960,05	60 653,29	+ 5 969,75
1895	57 721,64	39 858,90	17 219,71	50 433,29	+ 7 288,35
1900	52 140,60	38 157,25	13 198,98	53 003,32	— 862,72
1901	53 941,72	45 282,57	7 899,60	49 174,73	+ 4 766,99
1902	55 921,00	43 703,48	11 383,55	63 047,15	— 7 126,15
1903	70 568,63	60 885,61	8 793,63	69 849,93	+ 718,70
1904	100 248,85	92 608,74	6 535,47	87 401,06	+ 12 847,79
1905	96 849,66	92 968,89	2 875,37	85 027,20	+ 11 822,46
1906	94 977,08	91 451,24	2 466,68	84 308,99	+ 10 668,09
1907	84 701,39	77 611,99	6 130,68	85 880,61	— 1 179,22

d) Die Bauhöfe.

	1907	
Einnahmen:		
Für abgegebene Materialien	1 565 395,08	Mk.
Sonstige	2 862,11	„
Zusammen	1 568 257,19	Mk.
Ausgaben:		
Für Materialien	1 396 551,44	Mk.
Löhne usw.	62 699,91	„
Mieten usw.	87 329,90	„
Sonstige	6 745,87	„
Zusammen	1 553 327,12	Mk.
Überschuß	14 930,07	Mk.

e) Die Straßenwalzen.

	1907	
Einnahmen:		
Für städtische Walzarbeiten	25 912,50	Mk.
Für Private	13 095,00	„
Zusammen	39 007,50	Mk.
Ausgaben:		
Löhne	17 850,42	Mk.
Betrieb und Unterhaltung	18 799,71	„
Sonstige	1 082,95	„
Zusammen	37 733,08	Mk.
Überschuß	1 274,42	Mk.

Anm. Über die Bauhöfe und die Straßenwalzen ist 1907 zum ersten Male gesondert Rechnung geführt worden.

f) Der Marstall.

Jahr	Einnahmen Mk.	Ausgaben Mk.	Überschüsse Mk.
1880	33 373,00	28 947,48	4 425,52
1885	64 314,50	50 929,22	13 385,28
1890	81 272,81	71 779,02	9 493,79
1895	77 292,25	56 309,14	20 983,11
1900	73 803,50	60 098,69	13 704,81
1901	68 537,41	62 166,00	6 371,41
1902	56 956,37	51 504,42	5 451,95
1903	50 251,07	42 479,00	7 772,07
1904 bis 1. April	12 310,48	9 372,02	2 938,46

g) Die Schleusenreinigung.

Jahr	Einnahmen Mk.	Ausgaben Mk.	Zuschüsse Mk.
1880	—	36 434,14	36 434,14
1890	—	46 988,47	46 988,47
1895	10,00	60 133,15	60 123,15
1900	10,00	69 670,69	69 660,69
1901	15,00	82 124,41	82 109,41
1902	256,32	124 772,28	124 515,96
1903	275,83	102 662,58	102 386,75
1904	804,95	131 499,26	130 694,31
1905	637,63	139 184,54	138 546,91
1906	2 742,97	153 690,82	150 947,85
1907	893,35	152 310,87	151 417,52

h) Die Kläranlage.

Jahr	Einnahmen in Mark			Ausgaben in Mark					Zuschüsse in Mark
	Klärkosten von Vororten	Sonstiges	Zusammen	Besoldungen, Löhne	Pachtzins	Verzinsung, Tilgung, Abschreibung	Sonstige	Zusammen	
1898	—	35,00	35,00	35 606,81	550,00	—	193 565,02	229 721,83	229 686,83
1899	160,00	35,00	195,00	39 038,60	550,00	36 579,79	246 274,21	322 442,60	322 247,60
1900	—	35,00	35,00	44 533,55	550,00	26 269,41	279 914,39	351 267,35	351 232,35
1901	—	25,00	25,00	47 812,14	550,00	26 442,32	243 682,01	318 486,47	318 461,47
1902	—	54,75	54,75	49 322,83	550,00	27 111,37	284 754,76	361 738,96	361 684,21
1903	—	48,25	48,25	48 676,10	1050,00	31 922,45	303 035,88	384 684,43	384 636,18
1904	931,50	112,50	1 044,00	51 429,87	1050,00	31 711,07	320 956,88	405 147,82	404 103,82
1905	5 333,49	132,20	5 465,69	55 031,73	1110,00	31 211,26	313 740,38	401 093,37	395 627,68
1906	23 243,31	342,00	23 585,31	57 205,04	1350,00	42 302,72	328 317,63	429 175,39	405 590,08
1907	14 950,14	365,00	15 315,14	61 072,84	1350,00	28 093,99	333 329,74	423 846,57	408 531,43

i) Die Gartenverwaltung.

Jahr	Einnahmen in Mark				Ausgaben in Mark						Zuschüsse in Mark
	Überschuß der Stadtgärtnerei	Zinsen und Pachtgelder	sonstige	zusammen	Besoldungen und allgem. Aufwand	Unterhaltung d. Anlagen usw.	Wassergeld	Neuanlagen	sonstige	zusammen	
1890	—	5 693,51	37,00	5 730,51	17 199,52	39 485,46	3 385,00	5 543,19	4 929,68	70 542,85	69 812,34
1895	—	6 693,51	486,00	7 179,51	24 588,36	42 320,69	3 139,56	12 131,33	12 609,53	94 789,47	87 609,96
1900	—	11 307,84	4 176,48	15 484,32	37 207,04	63 476,84	3 634,90	98 711,12	11 823,87	214 853,77	199 369,45
1901	—	9 013,34	542,34	9 555,68	50 386,96	96 909,51	3 618,69	99 411,39	44 022,99	294 349,54	284 793,86
1902	—	10 383,63	2 217,77	12 601,40	60 884,55	132 881,07	41 500,00	124 996,99	73 695,41	433 958,02	421 356,62
1903	22 774,15	11 522,58	62 351,34	96 648,07	60 141,03	173 484,82	16 500,00	36 692,61	120 098,68	406 917,14	310 269,07
1904	24 422,89	11 672,57	30 030,73	66 126,19	74 194,22	204 108,19	16 650,00	72 256,14	147 395,97	514 604,52	448 478,33
1905	32 659,91	9 977,33	11 588,39	54 225,63	75 363,86	221 310,63	16 684,85	42 344,61	71 807,55	427 511,50	373 285,87
1906	34 154,27	12 644,21	16 316,74	63 115,22	79 836,79	233 863,11	16 700,70	43 738,72	71 132,03	445 271,35	382 156,13
1907	45 459,37	10 604,21	10 692,67	66 756,25	83 703,71	305 129,90	6 861,05	47 781,71	50 562,67	494 039,04	427 282,79

k) Die Stadtgärtnerei mit den Baumschulen.

Jahr	Einnahmen in Mark			Ausgaben in Mark				Überschüsse
	Erlös von Gehölzen und Pflanzen	sonstige	zusammen	Unterhaltung der Gärtnerei und der Baumschulen (gärtnerischer Betrieb)	Pachtgelder	sonstige	zusammen	Mk.
1903	49 239,26	910,00	50 149,26	23 291,01	1 909,25	2 174,85	27 375,11	22 774,15
1904	55 908,15	460,00	56 368,15	28 946,86	1 549,25	1 449,15	31 945,26	24 422,89
1905	67 684,98	455,58	68 140,56	26 978,23	6 894,99	1 607,43	35 480,65	32 659,91
1906	68 540,70	710,00	69 250,70	26 818,12	6 894,99	1 383,32	35 096,43	34 154,27
1907	106 259,89	1 993,10	108 252,99	50 660,29	6 929,99	5 203,34	62 793,62	45 459,37

l) Die öffentliche Beleuchtung.

Jahr	Vergütung			Besoldungen, Löhne	Mieten und Unterhaltung der Laternenwachen	Unterhaltung der öffentlichen Gasbeleuchtungsanlagen	Sonstige Ausgaben	Zusammen
	an die städtischen Gasanstalten Mk.	an das städt. Elektrizitätswerk Mk.	an die Thüringer Gasgesellschaft Mk.	Mk.	Mk.	Mk.	Mk.	Mk.
1880	139 813,45	—	—	—	—	—	—	139 813,45
1890	258 871,34	—	78 385,25	71 030,69	2 899,31	18 578,85	12 269,21	442 034,65
1895	100 000,00	—	111 865,42	103 790,66	4 852,34	34 816,60	37 012,97	392 337,99
1900	100 000,00	—	75 551,30	199 145,45	9 366,41	56 210,34	54 191,93	494 465,43
1901	100 000,00	—	77 577,50	204 149,48	9 334,78	69 640,11	55 065,79	515 767,66
1902	100 000,00	—	80 372,30	211 715,30	7 759,86	66 286,72	51 274,78	517 408,96
1903	100 000,00	—	80 880,89	220 690,05	7 337,83	66 446,17	54 824,36	530 179,30
1904	100 000,00	—	79 555 50	237 727,61	8 164,35	64 283,51	60 778,51	550 509,48
1905	100 000,00	15 028,49	82 045,44	252 253,41	9 896,29	67 240,54	64 298,34	590 762,51
1906	100 000,00	34 658,60	85 450,50	272 529,52	8 822,33	69 651,47	68 386,23	639 498,65
1907	200 000,00	43 845,23	85 644,72	293 337,96	14 283,47	69 494,95	81 984,69	788 591,02

m) Die Brotbäckerei.

Jahr	Einnahmen in Mark[1]	Ausgaben in Mark				Zuschüsse in Mark
		für Roggen oder Mehl	Löhne	sonstige	zusammen	
1890	10 316,45	66 016,00	4 423,00	11 018,70	81 457,70	71 141,25
1895	12 589,70	66 811,40	4 830,50	12 240,47	83 882,37	71 292,67
1900	10 264,80	58 124,00	5 198,00	10 263,53	73 585,53	63 320,73
1901	10 064,10	53 720,00	5 421,50	9 637,51	68 779,01	58 714,91
1902	9 504,20	55 298,00	5 578,00	9 626,03	70 502,03	60 997,83
1903	9 288,10	51 552,00	5 823,00	10 428,14	67 803,14	58 515,04
1904	7 546,40	48 287,00	6 082,59	9 154,87	63 524,46	55 978,06
1905	60,90	48 374,33	6 340,84	7 146,84	61 862,01	61 801,11
1906	—	54 682,96	6 217,00	5 532,09	66 432,05	66 432,05
1907	—	59 087,46	6 534,50	5 393,51	71 015,47	71 015,47

[1] Fast ausschließlich aus dem Kleieverkauf.

Hierzu ist noch zu bemerken: Einige der Betriebe erscheinen nach den Tabellen als Überschußbetriebe, wie z. B. die Sandgruben, der Marstall, die Stadtgärtnerei. Es ist aber ohne weiteres klar, daß auch diese Betriebe für die Stadtverwaltung lediglich Ausgabebetriebe und mithin Zuschußbetriebe sind, denn ihre Einnahmen fließen ihnen im großen und ganzen aus anderen städtischen Kassen zu. Soweit die Einnahmen nicht aus städtischen Kassen kommen, sind sie im allgemeinen unbeträchtlich.

In der Tabelle über die Abteilung für die Straßenreinigung ist in der Spalte „Unterhaltung der Makadamstraßen, Kiesfußwege usw." bis zum Jahre 1902 die folgende Ausgabe für Unterhaltung der Straßenbäume mit enthalten:

1890: 5 898,10 Mk., 1895: 12 099,11 Mk., 1900: 20 362,22 Mk.,
1901: 30 053,99 Mk. 1902: 3 442,62 Mk.

Der Zuschuß, den die Stadt nach der Tabelle für die Straßenreinigung usw. aufzubringen hat, ist nicht der gesamte Aufwand der Stadtgemeinde hierfür, dazu sind vielmehr die beiden Posten unter den Einnahmen: Beitrag der Schulen und Beitrag der Straßenbahnen mit zu rechnen. Denn der Beitrag der Schulen kommt aus einem anderen städtischen Konto, es handelt sich hier also nicht um eine Einnahme der Stadt. Der Beitrag der Straßenbahnen aber beruht auf den Verträgen, die zwischen der Stadt und den Gesellschaften bestehen, wonach die Gesellschaften den Straßenbahnkörper in gewissem Umfange reinzuhalten haben. Diese Verpflichtung bildet einen Teil der Abgabe, die die Straßenbahngesellschaften für die Überlassung der Straßen zum Betriebe der Bahnen an die Stadt zu zahlen haben. Die Gemeinde erhält also die Beträge, die hier aufgeführt sind, nicht als Gegenleistung für die Straßenreinigung, die sie für jene besorgt, und mithin verringern sich auch die Kosten, die die Stadtgemeinde für die Straßenreinigung aufzuwenden hat, nicht um diese Beträge. Die Summen werden nur bei diesem Konto als Einnahme verbucht, weil eben die Konzessionsverträge zufällig diese Form für die Festsetzung der Abgabe gewählt haben. Die Zuschüsse für die Straßenreinigung haben also tatsächlich betragen:

1890	368 925,26	Mk.,	1903	896 631,54	Mk.,
1895	692 628,06	„	1904	987 123,28	„
1900	961 567,90	„	1905	1 013 717,75	„
1901	1 084 709,94	„	1906	1 103 517,65	„
1902	977 099,14	„	1907	1 209 699,24	„

Über die Kosten der Straßenreinigung im Jahre 1908, in dem, wie oben erwähnt ist, die gesamte Straßenreinigung in städtische Regie übergegangen ist, liegen endgültige Rechnungsergebnisse noch nicht vor. Fest steht aber, daß die Kosten, die die Stadt nunmehr aufzuwenden hat, gegen früher nicht unbeträchtlich gestiegen sind, was selbstverständlich ist, da die Straßenreinigung jetzt wesentlich intensiver geschieht als früher.

Der größte Teil des Einnahmepostens in der Tabelle „Schleusenreinigung" besteht aus den Beiträgen von nicht einverleibten Vororten zu den Kosten der Unterhaltung und Reinigung der Schleusen. Diese Beiträge, ebenso wie die Beiträge in der Spalte „Klärkosten von Vororten" in der Tabelle für die Kläranlage zahlen die Vororte, die ihre Schleusenwässer in das städtische Schleusennetz abführen. Es werden den Vororten die Selbstkosten nach dem Betriebsergebnisse mit einem Aufschlag von 10 % berechnet. Im Jahre 1906 sind die Beträge besonders hoch, weil da Nachzahlungen auf frühere Jahre stattgefunden haben.

Über die Stadtgärtnerei mit den Baumschulen wird erst seit dem Jahre 1903 gesondert Buch geführt. Bis zum Jahre 1902 umfaßt die Tabelle über die Gartenverwaltung den Betrieb der Stadtgärtnerei mit.

Der Posten „Sonstige Einnahmen" in der Tabelle „Gartenverwaltung" enthält die Einnahmen aus dem Verkauf von Holz und Gras, ferner aus der Obstverpachtung, seit dem Jahre 1905 auch eine Vergütung vom Schulamt für die Unterhaltung des botanischen Gartens. Dieser letzte Posten, der also keine Einnahme der Stadt darstellt und um den demgemäß der Zuschuß, den die Gartenverwaltung erfordert, erhöht werden müßte, beträgt etwa 3000 Mk.

Der Einnahmeposten enthält ferner 60 427,75 Mk. im Jahre 1903, 24 251,77 Mk. im Jahre 1904 und 3 613,54 Mk. im Jahre 1906, die aus den Überschüssen der Stadtkasse zur Vollendung des König-Albertparkes entnommen worden sind. Diese Einnahme entspricht den Ausgaben, die für die Arbeiten erforderlich gewesen und die in den Ausgabeposten mit enthalten sind.

Die Einnahmen der Stadtgärtnerei kommen, abgesehen von geringfügigen Mietzinsen, Erträgnissen aus dem Obstverkaufe und ähnlichem von der Gartenverwaltung selbst, die Pflanzen, die die Gartenverwaltung von der Stadtgärtnerei bezieht, werden ihr zu bestimmten Sätzen in Rechnung gestellt.

Endlich ist hervorzuheben, daß die Ausgaben der Stadt für die Notstandsarbeiten bereits im zweiten Kapitel mitgeteilt worden sind.

Viertes Kapitel.

Die Bedeutung der Gemeindebetriebe für den Gemeindehaushalt.

Die Gemeindebetriebe haben für den städtischen Haushalt eine doppelte Bedeutung. Einmal wird durch sie das Stadtvermögen beeinflußt dadurch, daß Teile ihrer Erträgnisse dem Vermögen zufließen und Verluste ihm zur Last fallen, vor allem aber dadurch, daß das Gemeindevermögen die Anlagekapitalien vieler Betriebe aus eigenen flüssigen Mitteln oder durch Aufnahme von Schulden liefert. Dann kommen die Betriebe in Betracht für den Haushalt der Stadt im engeren Sinne, den sogenannten Betrieb d. h. die Beschaffung der für die laufenden Bedürfnisse der Gemeinde erforderlichen Mittel und ihre Verwendung auf Grund des von der Verwaltung aufgestellten Haushaltplanes.

Die meisten Betriebe haben ihre Bedeutung sowohl für die Vermögensverwaltung wie für den Haushalt im engeren Sinne, doch kommen auch Betriebe vor, die nur für einen Zweig der städtischen Finanzverwaltung von Bedeutung sind, auf den anderen Zweig dagegen höchstens eine indirekte Wirkung ausüben.

Zu diesen Betrieben gehören die Notstandsarbeiten, die die Stadt bisher hat ausführen lassen. Wie oben dargetan worden ist, hat es sich dabei immer um Erdarbeiten gehandelt. Die Kosten hierfür sind aus dem Vermögen bestritten worden, weil die Grundstücke und damit das Vermögen durch die Arbeiten an Wert gewonnen haben. Für den Betrieb sind diese Arbeiten ohne Bedeutung gewesen.

Bis zum Jahre 1894 gehörte zu diesen Betrieben auch der städtische Grundstückshandel. Denn wie erwähnt worden ist, traten die Erlöse, die bei Grundstücksverkäufen erzielt wurden, ohne weiteres an die Stelle der verkauften Grundstücke im Stammvermögen. Wenn Gewinne erzielt wurden, so vermehrte sich also nur das Stammvermögen. Für den städtischen Betrieb war der Handel höchstens insofern von Bedeutung, als das vermehrte Vermögen höhere Erträgnisse abwarf, die dem Betriebe zuflossen. Seit dem Jahre 1894 ist das, wie auch schon auseinandergesetzt worden ist, anders geworden insoweit, als 25 % der erzielten Gewinne, bisher 1 1/2 Millionen Mark, dem Stadterweiterungsfonds zugeführt worden sind, aus dem Ausgaben bestritten werden, die sonst dem Betriebe zur Last fallen würden. Im übrigen aber hat der Grundstückshandel auch jetzt noch nur auf das Stammvermögen Einfluß. Wie groß dieser Einfluß ist, läßt sich auch nicht annähernd genau angeben, da über die erzielten Gewinne keine Zahlen veröffentlicht werden. Es läßt sich nur sagen, daß sich das Vermögen der Stadt zum großen Teile infolge des Grundstückshandels ständig beträchtlich vermehrt hat. Das zeigt deutlich eine Zusammenstellung über die Entwicklung des Grundbesitzwertes der Stadt, soweit der Grundbesitz gewerblich verwertet wird. Nach den Vermögensübersichten entfielen nämlich von den Aktiven des Stammvermögens auf diesen Grundbesitz:

Jahr	Städtische Gebäude Mk.	Wiesen, Waldungen, Felder, Plätze, Mk.	Güter und sonstigen landwirtschaftlich verwerteten Grundbesitz Mk.	Zusammen Mk.
1890	5 181 998,36	4 350 961,35	5 276 187,90	14 809 147,61
1895	7 342 026,55	5 519 444,43	5 798 389,17	18 659 860,15
1900	14 393 883,52	10 147 110,84	7 220 370,16	31 761 364,52
1901	16 274 878,71	10 680 299,65	7 348 609,07	34 303 787,43
1902	16 931 279,23	10 768 393,27	7 774 875,49	35 474 547,99
1903	17 379 198,25	11 805 371,38	7 711 745,15	36 896 314,78
1904	18 369 180,44	14 873 700,69	5 330 238,53	38 573 119,66
1905	19 260 810,73	16 222 359,21	5 411 954,86	40 895 124,80
1906	16 834 897,92	19 132 052,95	5 611 067,35	41 578 018,22

Der Wert dieses Grundbesitzes hat sich also im Laufe der Jahre ganz beträchtlich erhöht. Diese Werteserhöhung kann aber im wesentlichen nur durch Verkäufe und Neuankäufe aus den Erlösen zustande gekommen sein, da die Grundstücke zum Anschaffungswerte in die Übersicht eingestellt werden.

Ferner sind hier zu erwähnen die Schlachtviehversicherung, die Freibank und die Stadtkellerei. Diese Betriebe werden nämlich selbständig verwaltet, d. h., sie erscheinen nicht im allgemeinen Haushaltplane der Stadt und in der Rechnung. Die Überschüsse, die bei der Freibank und bei der Schlachtviehversicherung erzielt werden, fließen Reservefonds zu, aus denen auf der anderen Seite auch die Verluste gedeckt werden. Die Stadtkellerei sammelt ihre Gewinne zu einem Betriebskapitale an.

Natürlich gehören alle diese Fonds zum Vermögen der Stadt Leipzig. Beträchtlich sind sie nicht, denn der Reservefonds der Freibank hat im Jahre 1907 27 092,53 Mk., der Reservefonds der Schlachtviehversicherungsanstalt hat 214 588,89 Mk., das Betriebskapital der Stadtkellerei endlich hat Ende des Jahres 1907 279 547,34 Mk. betragen. Die Stadtkellerei wird vom Jahre 1909 an auch einen gewissen Einfluß auf den städtischen Betrieb haben, denn wie erwähnt worden ist, sollen nunmehr 3 ½ % Zinsen von ihrem Betriebskapital in die Stadtkasse fließen.

Auch die städtischen Sparkassen und das Leihhaus werden als selbständige Unternehmen verwaltet, und auch sie kamen lange Zeit für den Haushalt in engerem Sinne nicht in Betracht. Für das städtische Vermögen waren sie ebenfalls von Bedeutung durch ihre Reservefonds und dann auch noch insofern, als die Stadt das Betriebskapital vorgeschossen hat. Es ist aber schon hervorgehoben worden, daß sich das bei diesen Anstalten mit der Zeit geändert hat. Die Bestimmungen des Sparkassenstatuts sind im Laufe der Entwicklung dahin abgeändert worden, daß die Stadt in steigendem Maße die Möglichkeit erhalten hat, von den Gewinnen, die bei dem Sparkassenbetriebe erzielt werden, Beträge für die Zwecke der Stadtverwaltung zu entnehmen, und von dieser Möglichkeit hat die Stadt mehr und mehr Gebrauch gemacht. So entnahm sie diesen Überschüssen im Jahre 1871 etwa 400 000 Mk. und seit dem Jahre 1884 regelmäßig höhere Beträge für Schulbauten. Später kamen dazu auch Entnahmen zu anderen Zwecken, z. B. zur Deckung eines Teiles der Ausgaben für Fußwegregelungen und Straßenneupflasterungen (Konto 38 des Haushaltplanes) und zur Deckung eines Teiles der Ausgaben für städtische milde Anstalten usw. (Konto 7 des Haushaltplanes), ferner zur Vergrößerung und Verschönerung der öffentlichen Anlagen der Stadt, zur Erweiterung der städtischen Museen usw. In jüngster Zeit ist beschlossen worden, vom Jahre 1908 an dem Konto 7 fünf Jahre lang regelmäßig 250 000 Mk. aus den Erträgnissen der Sparkassen zu überweisen mit Rücksicht auf die hohen Ausgaben, die für den Haushalt der Stadt in der nächsten Zeit zu erwarten sind.

Die folgende Zusammenstellung zeigt, welche Beträge der Stadtkasse seit dem Jahre 1890 aus den Erträgnissen der Sparkassen zugeflossen sind.

Es sind entnommen worden:

Jahr	Zu Schulbauten Mk.	Zum Betriebe zu Konto 38 Mk.	Zum Betriebe zu Konto 7 Mk.	Sonstiges Mk.	Zusammen Mk.
1890	218 998	—	—	—	218 998
1891	245 626	—	—	—	245 626
1892	145 461	—	—	—	145 461
1893	233 857	280 000	—	—	513 857
1894	156 039	272 838	—	—	428 877
1895	151 401	206 680	—	—	358 081
1896	172 569	200 877	—	—	373 446
1897	205 576	200 000	—	—	405 576
1898	195 469	926	—	100 000	296 395
1899	202 736	238	—	—	202 974
1900	232 894	—	—	—	232 894
1901	250 000	—	—	65 000	315 000
1902	288 375	—	—	70 000	358 375
1903	367 704	—	—	—	367 704
1904	382 151	—	300 000	110 428	792 579
1905	335 302	—	—	29 252	364 554
1906	263 735	—	—	92 762	356 497
1907	253 948	—	400 000	92 764	746 712

Gegenwärtig sind also die Sparkassen von beträchtlichem Einflusse auch auf den städtischen Betrieb. Genau ist allerdings diese Bedeutung aus den vorstehenden Zahlen nicht zu erkennen und läßt sie sich auch nicht darstellen. Denn es ist nicht möglich, festzustellen, welche der Ausgaben, die nun mit den von den Sparkassen entnommenen Beträgen bestritten worden sind, aus Betriebsmitteln bestritten worden wären, wenn man jene Beträge nicht hätte entnehmen können. Das steht nur fest, soweit die Beträge dem Konto 7 und dem Konto 38 des Haushaltplanes zugeführt worden sind, und auf der anderen Seite steht fest, das, soweit es sich um Schulbauten gehandelt hat, der Betrieb nicht direkt beeinflußt worden ist. Denn Schulbauten werden gegenwärtig zu Lasten des Vermögens aufgeführt.

Alle übrigen städtischen Betriebe erscheinen im Haushaltplane und demgemäß auch in der Rechnung, sie sind also für den städtischen Haushalt im engeren Sinne jedenfalls von Bedeutung. Aber die meisten von ihnen sind auch von direktem Einflusse auf das städtische Vermögen. Das gilt vor allem von den großen gewerblichen Betrieben, wie Gasanstalten, Wasserwerk, Vieh- und Schlachthof usw. Diese Unternehmen forderten so beträchtliche Kapitalaufwendungen, daß dazu der Betrieb unmöglich imstande war; die Mittel mußte deshalb das Stadtvermögen liefern.

Solange die Anforderungen, die wegen der gewerblichen Betriebe und wegen sonstiger Anlagen, die aus dem Gemeindevermögen zu bezahlen waren, an das Vermögen gestellt wurden, nicht zu groß waren, verwendete man dazu flüssige Mittel des Vermögens. Das war aber nicht mehr möglich, als sich die Ausgaben für solche Zwecke ständig und sehr beträchtlich vermehrten. Es standen dem Stadtvermögen nicht mehr genügend flüssige Mittel zur Verfügung, und man ging deshalb dazu über, zu Lasten des Vermögens Anleihen aufzunehmen, aus denen jene Anlagen bezahlt wurden. Heutzutage werden aus solchen Anleihemitteln in erster Linie alle die Anlagen hergestellt, die einen Gewinn abwerfen können und sollen, da ja bei diesen Unternehmen, die die Beträge für die Verzinsung und Tilgung der Schulden selbst aufbringen, eine Vermehrung der Steuerlast durch die Schulden nicht bewirkt wird.

Diese städtischen Betriebe sind deshalb an den städtischen Anleihen sehr stark beteiligt, in großem Umfange sind die Anleihen lediglich durch diese Betriebe veranlaßt. Des näheren ergibt sich die Bedeutung, die hiernach die städtischen Betriebe für das Stadtvermögen haben, aus den folgenden Zusammenstellungen.

Das Stammvermögen, das den Grundstock des Stadtvermögens bildet und das für die Belastung mit Anleihen lediglich in Betracht kommt, da es nicht vermindert werden darf, hat sich seit 1890 wie folgt entwickelt.

Es haben betragen:

Jahr	die Aktiven Mk.	die Passiven Mk.	davon die Anleihen Mk.	der Bestand Mk.
1890	76 465 021,85	52 034 766,37	42 118 000,00	24 430 255,48
1895	88 458 560,54	62 368 425,01	48 986 100,00	26 090 135,53
1900	115 049 219,32	82 675 653,29	67 560 900,00	32 373 566,03
1901	118 637 594,00	85 893 136,16	71 616 500,00	32 744 457,84
1902	124 869 679,45	91 597 942,11	76 477 800,00	33 271 737,34
1903	130 494 227,91	96 003 052,51	80 948 300,00	34 491 175,40
1904	139 362 879,32	100 318 448,95	88 361 400,00	39 044 430,37
1905	149 339 228,32	109 827 643,78	98 838 400,00	39 511 584,54
1906	166 356 332,89	122 961 438,89	110 563 900,00	43 394 894,00

Zu den Aktiven gehören die folgenden Guthaben des Stammvermögens an die gewerblichen Betriebe.

Es schuldeten dem Stammvermögen:

Jahr	Die Gasanstalten Mk.	Das Wasserwerk Mk.	Der Lagerhof Mk.	Der Vieh- und Schlachthof Mk.	Die Markthalle Mk.	Das Elektrizitätswerk Mk.
1890	10071960,93	6273846,69	1426211,99	4685203,22	3091409,51	—
1895	10055522,09	8620970,53	1425470,15	5111942,20	3995054,44	—
1900	9639322,55	8954390,44	1387770,66	6231855,72	3823600,11	—
1901	9545866,42	8991183,47	1377934,98	6381195,56	3802612,45	—
1902	9448685,61	9189136,78	1365451,05	6364241,40	3780896,05	—
1903	9934286,27	9733023,05	1354359,68	6277177,73	3758388,45	—
1904	11461834,36	9753505,66	1342938,11	7597413,17	3735110,47	51,20
1905	11619272,33	9992559,74	1331186,35	7944141,06	3710999,65	5705788,13
1906	16456817,12	10323999,10	1319084,17	8949523,92	3686034,86	6550301,03

Jahr	Zusammen Mk.	Jahr	Zusammen Mk.
1890	25 548 632,34	1903	31 057 235,18
1895	29 208 959,41	1904	33 890 852,97
1900	30 036 939,48	1905	40 303 947,26
1901	30 098 792,88	1906	47 285 760,20
1902	30 148 410,89		

Die Mittel dazu hat das Stammvermögen zu einem ganz geringen Teile flüssigen Beständen entnommen, zum weitaus größten Teile aber sind sie den Anleihen entnommen worden, die in der vorigen Tabelle aufgeführt sind. Man kann also sagen, daß von den Anleihen, die die Stadt aufgenommen hat, für die Zwecke der gewerblichen Betriebe verwendet worden sind:

1890	60,04 %	1903	38,36 %
1895	59,65 %	1904	38,35 %
1900	44,45 %	1905	40,78 %
1901	42,02 %	1906	42,76 %
1902	39,42 %		

Mithin waren bis zum Jahre 1895 über die Hälfte und gegenwärtig sind nahezu die Hälfte der Anleihebeträge in werbenden Unternehmen angelegt.

Auf den Kopf der Bevölkerung, deren auf die Mitte des Jahres berechnete Zahl betrug:

1890	351 613	1901	461 669	1904	490 175
1895	396 377	1902	471 171	1905	499 678
1900	451 445	1903	480 673	1906	509 180

entfallen sonach:

Jahr	von den Aktiven des Stamm-vermögens Mk.	von den Passiven des Stamm-vermögens Mk.	vom Bestande des Vermögens Mk.	von der Anleiheschuld Mk.	von der Anleiheschuld der werbenden Betriebe Mk.
1890	217,4	147,9	69,48	119,7	72,65
1895	223,2	157,4	65,83	123,6	73,70
1900	254,8	183,1	71,71	149,6	66,53
1901	257,0	186,0	70,92	155,1	65,20
1902	265,0	194,4	70,62	162,3	63,98
1903	271,4	199,7	71,76	168,4	64,62
1904	284,3	204,6	79,66	180,3	69,15
1905	298,8	219,8	79,08	197,8	80,66
1906	326,7	241,5	85,22	217,1	92,86

In weitaus geringerem Umfange ist das Stammvermögen durch die übrigen städtischen Betriebe in Ausspruch genommen worden, soweit sich das aus der Vermögensübersicht ergibt. Nach dem Abschluß für das Jahr 1906 sind die folgenden Posten anzuführen:

Es schuldeten dem Stammvermögen:

die Stadtkellerei	13 651,09	Mk.
„ Volksbrausebäder	11 619,16	„
„ Schleusenwässerreinigung	22 000,—	„
„ Schleusenreinigung	3 542,76	„
das Straßenreinigungswesen	27 082,45	„
zusammen	266 811,46	Mk.

Für die Anstalten, die nicht werbenden Charakter tragen, sind mithin die Mittel in der Hauptsache dem Betriebe und nicht zum Stammvermögen gehörenden Beständen entnommen worden.

Diese Darlegungen haben gezeigt, daß das Stammvermögen beträchtliche Summen für die städtischen Betriebe aufzubringen gehabt hat. Damit ist aber die Bedeutung der Betriebe für das Stadtvermögen noch nicht erschöpft, wenigstens nicht für das gesamte Vermögen, zu dem, abgesehen vom Stammvermögen, auch das sogenannte freie Vermögen gehört, das sind die Summen, über die die Stadt frei verfügen kann. Die Betriebe haben nämlich nicht nur, wie oben dargetan worden ist, zum Teil beträchtliche Neuanlagen aus ihren Betriebserträgnissen hergestellt, wodurch sich natürlich ihr Gesamtwert erhöht hat, sondern sie haben auch noch bedeutende Mittel aus den Erträgnissen für besondere Zwecke angesammelt, zu Erneuerungsfonds, Tilgungsfonds usw., die ebenfalls Bestandteile des Stadtvermögens bilden. Der Bestand dieser Fonds hat bei den Hauptbetrieben Ende des Jahres 1906 betragen:

Fonds der Markthalle	950 340,96	Mk.
„ „ Gasanstalten	3 163 266,71	„
„ des Wasserwerkes	4 354 299,42	„
„ „ Lagerhofs	15 127,76	„
„ „ Elektrizitätswerkes . .	459 980,61	„
„ „ Vieh- und Schlachthofs	1 415 262,14	„
zusammen	10 358 277,60	Mk.

Welchen Einfluß jene Neuherstellungen aus laufenden Einnahmen auf das Stadtvermögen gehabt haben, läßt sich nicht angeben, da über den tatsächlichen Wert der einzelnen gewerblichen Betriebe der Stadt keine Veröffentlichungen vorliegen.

Die Bedeutung der hier in Frage kommenden städtischen Betriebe für den städtischen Haushalt im engeren Sinne ergibt sich zunächst allgemein aus den folgenden Zusammenstellungen über die gesamten Einnahmen und Ausgaben, d. h. die Bruttoeinnahmen und -ausgaben der Stadt und der einzelnen Betriebe, wie sie in der Rechnung nachgewiesen sind.

Es haben betragen:

Jahr	die Gesamteinnahmen der Stadt Mk.	die Gesamtausgaben der Stadt Mk.
1890	15 036 733,72	14 966 730,97
1900	25 309 048,05	27 264 461,91
1905	33 313 840,91	33 643 370,65
1907	40 627 803,29	39 967 122,47

Auf die einzelnen städtischen Betriebe kamen von diesen Gesamteinnahmen und Gesamtausgaben die folgenden Summen:

Es entfielen auf:

Jahr	den Grundbesitz Mk.	die Gasanstalten Mk.	das Elektrizitätswerk Mk.	das Wasserwerk Mk.	den Vieh- und Schlachthof Mk.	die Markthalle Mk.	Lagerhof und Wage Mk.	Eichamt Mk.	zusammen auf diese Betriebe Mk.	Prozent
					von den Gesamteinnahmen					
1890	1 469 882,45	3 129 125,60	—	650 419,62	617 960,64	—	85 266,46	34 125,19	5 986 779,96	39,81
1900	1 960 981,97	4 432 031,70	—	1 724 130,21	1 211 815,53	349 154,00	118 160,33	—	9 796 273,74	38,71
1905	1 410 226,11	5 860 258,65	545 868,64	2 124 885,06	1 392 088,66	346 705,00	94 949,04	—	11 774 981,16	35,34
1907	1 471 585,03	6 928 425,61	1 381 306,56	2 289 973,13	1 564 311,97	350 947,00	74 077,39	—	14 060 626,69	34,61
					von den Gesamtausgaben					
1890	217 244,38	2 694 549,87	—	650 419,62	590 904,95	—	98 001,84	16 265,52	4 267 386,18	28,51
1900	347 013,90	3 858 591,06	—	1 300 008,02	929 496,24	338 307,00	106 797,09	—	6 880 213,31	25,23
1905	370 087,14	4 549 836,11	278 117,34	1 749 877,96	1 335 400,46	339 272,00	100 213,62	—	8 722 804,63	25,92
1907	356 477,68	5 482 233,22	1 103 296,16	1 893 913,62	1 502 740,83	345 327,00	71 956,55	—	10 755 945,06	26,91

Es entfielen auf:

Jahr	die Sandgruben Mk.	den Steinbruch Mk.	die Bauhöfe und die Dampfwalzen Mk.	den Marstall Mk.	die Stadtgärtnerei Mk.	zusammen auf diese Betriebe Mk.	Prozent
			von den Gesamteinnahmen				
1890	12 418,00	66 623,04	—	81 272,81	—	160 313,85	1,06
1900	17 738,10	52 140,60	—	73 803,50	—	143 682,20	0,56
1905	44 936,80	96 849,66	—	—	68 140,56	209 927,02	0,62
1907	37 774,00	84 701,39	1 607 264,69	—	108 252,99	1 837 993,07	4,52
			von den Gesamtausgaben				
1890	8 765,36	60 653,29	—	71 779,02	—	141 197,67	0,94
1900	9 519,31	53 003,32	—	60 098,69	—	122 621,32	0,44
1905	27 220,45	85 027,20	—	—	35 480,65	147 728,30	0,43
1907	33 364,35	85 880,61	1 591 060,20	—	62 793,62	1 773 098,78	4,43

Es entfielen auf:

Jahr	die Bäder Mk.	die Desinfektionsanstalt Mk.	die Chemische Untersuchungsanstalt Mk.	zusammen auf diese Betriebe Mk.	Prozent
		von den Gesamteinnahmen			
1890	13 390,60	—	—	13 390,60	0,08
1900	38 714,60	—	—	38 714,60	0,15
1905	75 473,62	4 842,44	20 126,65	100 442,71	0,30
1907	70 236,36	6 092,30	21 226,26	97 554,92	0,24
		von den Gesamtausgaben			
1890	15 124,96	—	—	15 124,96	0,10
1900	58 019,60	—	—	58 019,60	0,21
1905	96 469,43	31 038,86	21 874,94	149 383,23	0,44
1907	97 929,24	46 836,52	25 762,16	170 527,92	0,42

Es entfielen auf:

Jahr	die Abteilung für d. Straßenreinigung Mk.	die Schleusenreinigung Mk.	die Kläranlage Mk.	die Gartenverwaltung Mk.	die öffentliche Beleuchtung Mk.	die Armen-Brotbäckerei Mk.	zusammen auf diese Betriebe Mk.	Prozent
			von den Gesamteinnahmen					
1890	34 307,96	—	—	5 730,51	—	10 316,45	50 354,92	0,33
1900	186 552,54	10,00	35,00	15 484,32	—	10 264,80	212 346,66	0,83
1905	183 551,93	637,63	5 465,69	54 225,63	—	60,90	243 941,78	0,72
1907	207 305,40	893,35	15 315,14	66 756,25	—	—	290 270,14	0,71
			von den Gesamtausgaben					
1890	379 284,76	46 988,47	—	70 542,85	442 034,65	81 457,70	1 020 308,43	6,81
1900	998 978,97	69 670,69	351 267,35	214 853,77	494 465,43	73 585,53	2 202 821,74	8,07
1905	1 047 404,14	139 184,54	401 093,37	427 511,50	590 762,51	61 862,01	2 667 818,07	7,92
1907	1 253 868,14	152 310,87	423 846,57	494 039,04	788 591,02	71 015,47	3 183 671,11	7,96

Auf alle diese Betriebe zusammen entfielen

Jahr	von den Gesamteinnahmen		von den Gesamtausgaben	
	Mk.	%	Mk.	%
1890	6 210 839,33	41,30	5 444 017,24	36,38
1900	10 191 017,20	40,27	9 263 675,97	33,97
1905	12 329 292,67	37,01	11 687 734,23	34,73
1907	16 286 444,82	40,09	15 883 242,87	39,74

Obwohl also die absoluten Ziffern ständig beträchtlich gestiegen sind, ist der Anteil der Betriebe an den Gesamteinnahmen und an den Gesamtausgaben der Stadt im allgemeinen etwas zurückgegangen. Die Zunahme im Jahre 1907 ist darauf zurückzuführen, daß in diesem Jahre die Bauhöfe und die Dampfwalzen in der Rechnung erscheinen, was vorher nicht der Fall war.

Die anderen Einnahmen und Ausgaben der Stadt müssen somit nicht bloß absolut, sondern auch relativ bedeutend gestiegen sein, hauptsächlich gilt das für die direkten Abgaben.

Bei diesen Zusammenstellungen darf nun aber nicht übersehen werden, daß die Zahlen nicht die wirklichen Einnahmen und Ausgaben bezeichnen, die die Stadt als solche im Laufe der angeführten Jahre tatsächlich gehabt hat. Die wirklichen Einnahmen und Ausgaben würden wesentlich weniger ausmachen, wenn die Möglichkeit bestände, sie anzugeben. Jedes der 47 Konten des städtischen Haushaltplanes bildet nämlich rechnerisch einen selbständigen Betrieb, der nicht bloß von nichtstädtischen Kassen Einnahmen bezieht und an nichtstädtische Kassen Zahlungen leistet, sondern auch von den anderen Konten des städtischen Haushaltplanes Zahlungen erhält und Zahlungen an jene leistet. Einnahmen des einen Kontos sind also oft Ausgaben eines anderen. Z. B.: Die Ausgabe des Kontos 10 für das Gas zur öffentlichen Beleuchtung bildet eine Einnahme der Gasanstalten, die Zinsen der Anleihemittel, die die Betriebe von dem Stammvermögen erhalten haben, bilden Ausgabeposten der Konten der einzelnen Betriebe, Einnahmeposten des Kontos Zinsen und dann auch noch Ausgabeposten dieses Kontos usw.

Wollte man die wirklichen Einnahmen und Ausgaben der Stadtkasse feststellen, so müßten die sämtlichen Konten der Hauptrechnung zu diesem Zwecke umgerechnet werden. Das aber wäre nur möglich, wenn nicht bloß die Rechnung selbst, sondern auch die Bücher jeder einzelnen Rechnungsstelle zur Verfügung ständen.

Ein etwas genaueres Bild von der Bedeutung der gewerblichen Betriebe für den städtischen Haushalt ergibt eine Betrachtung der sämtlichen Zuschußkonten der städtischen Rechnung und der Überschußkonten und der Beteiligung der gewerblichen Betriebe an diesen Zuschüssen und Überschüssen. Dabei muß allerdings ein Teil der gewerblichen Betriebe außer Betracht bleiben. Einmal die Armenbrotbäckerei, weil die Zuschüsse, die dieser Betrieb fordert, einen Teil der Armenlast der Stadt bilden. Dann die Sandgruben, der Steinbruch, die Bauhöfe mit den Dampfwalzen und der Marstall. Diese Betriebe sind nach der Rechnung Überschußbetriebe. Es ist aber schon darauf hingewiesen worden, daß sie für den gesamten städtischen Haushalt Zuschußbetriebe darstellen. Denn die Einnahmen, die sie erzielen, fließen ihnen zum weitaus größten Teile aus anderen städtischen Konten zu. Trotzdem lassen sich die Betriebe aber auch nicht unter den Zuschußbetrieben unterbringen, denn es ist nicht festzustellen, welche Zuschüsse sie im engeren städtischen Haushalte erfordern, da sie nämlich auch Einnahmen aus dem Stadtvermögen beziehen, ohne daß jedoch über diese Summen und über die ihnen aus anderen Konten des Betriebes zufließenden Beträge aus der Rechnung näheres festzustellen wäre. Einen bedeutenden Einfluß auf das Gesamtbild hat es übrigens nicht, wenn diese Betriebe unberücksichtigt bleiben, da die Überschüsse, die sie geben oder die Zuschüsse, die sie erfordern, unter allen Umständen nur geringfügig sind.

Die Stadtgärtnerei endlich wird hier als ein Teil der Gartenverwaltung behandelt, da ihr nur von dieser ins Gewicht fallende Einnahmen zufließen.

Es haben nach der Rechnung betragen:

Jahr	die gesamten Überschüsse Mk.	die gesamten Zuschüsse Mk.
1890	7 590 976,13	7 520 973,38
1900	14 596 768,84	16 552 182,70
1905	16 827 521,21	17 157 050,95
1907	19 409 718,55	18 749 037,73

Die Zuschüsse haben sich auf die gewerblichen Betriebe wie folgt verteilt.

Sie betrugen bei

	1890 Mk.	1900 Mk.	1905 Mk.	1907 Mk.
der Abteilung f. die Straßenreinigung	368 925,26	961 567,90	1 013 717,75	1 209 699,24
der Schleusenreinigung	46 988,47	69 660,69	138 546,91	151 417,52
der Kläranlage	—	351 232,35	395 627,68	408 531,43
der Gartenverwaltung	64 812,34	199 369,45	373 285,87	427 282,79
der öffentlichen Beleuchtung	442 034,65	494 465,43	590 762,51	788 591,02
Zusammen	922 760,72	2 076 295,82	2 511 940,72	2 985 522,00
Prozent der gesamt. Zuschüsse	12,26	12,54	14,62	15,92

Jahr	bei den Bädern Mk.	bei der Desinfektionsanstalt Mk.	bei der Chem. Untersuchungsanstalt Mk.	zusammen Mk.	Prozent der gesamten Zuschüsse
1890	1 734,36	—	—	1 734,36	0,02
1900	19 305,00	—	—	19 305,00	0,11
1905	20 995,81	26 196,42	1 748,29	48 940,52	0,28
1907	27 692,88	40 744,22	4 535,90	72 973,00	0,38

Jahr	bei allen Zuschußbetrieben zusammen Mk.	Prozent der Reinausgabe der Stadt
1890	924 495,08	12,29
1900	2 095 600,82	12,65
1905	2 560 881,24	14,91
1907	3 058 495,00	16,31

Die Überschüsse betrugen bei

	1890 Mk.	1900 Mk.	1905 Mk.	1907 Mk.
dem Grundbesitze	1 252 638,07	1 613 968,07	1 040 138,97	1 115 107,35
den Gasanstalten	634 575,73	773 440,64	1 510 422,54	1 746 192,39
dem Elektrizitätswerk	—	—	267 751,30	318 010,40
dem Wasserwerk	—	474 122,19	638 007,10	689 059,51
dem Vieh- und Schlachthof	27 055,69	282 319,29	56 688,20	61 571,14
der Markthalle	—	10 847,00	7 433,00	5 620,00
dem Lagerhofe mit der Wage	— 12 735,38	+ 11 363,24	— 5 264,58	+ 2 120,84
dem Eichamte	17 859,67	—	—	—
Zusammen	1 919 393,78	3 166 060,43	3 515 176,53	3 937 681,63
Prozent der ges. Überschüsse	25,28	21,69	20,89	20,28

Es standen also Mittel zur Deckung der Zuschüsse, die durch die gewerblichen Betriebe verursacht waren, von den Überschüssen der Überschußbetriebe zur Verfügung:

1890	994 898,70	Mk.
1900	1 070 459,61	„
1905	954 295,29	„
1907	879 186,63	„

Seit dem Jahre 1890 ist mithin ein prozentualer Rückgang der Überschüsse der gewerblichen Betriebe gegenüber den gesamten Überschüssen der städtischen Konten zu konstatieren. Die Bedeutung dieser Betriebe für die Deckung der Gemeindebedürfnisse ist also geringer geworden. Die Stadt hat verhältnismäßig mehr Einnahmen aus anderen Quellen ziehen müssen, vor allem aus den direkten Abgaben. Das ergibt sich auch aus einer Zusammenstellung der reinen Erträgnisse der direkten Abgaben in den hier in Betracht kommenden Jahren.

Jahr	Die Reinerträgnisse der direkten Abgaben betrugen	
	Mk.	Prozent der gesamten Überschüsse
1890	5 189 687,08	68,36
1900	10 960 184,23	75,09
1905	13 395 528,84	79,61
1907	15 242 338,34	78,53

Das ergibt sich ferner auch aus der folgenden Tabelle über die Verteilung der Gesamtüberschüsse und der Überschüsse, die durch Steuern und durch die werbenden Unternehmen erzielt worden sind, auf den Kopf der Bevölkerung.

Auf den Kopf der Bevölkerung kamen nämlich

Jahr	von den Gesamtüberschüssen Mk.	von den durch die direkten Abgaben erzielten Überschüssen		von den Überschüssen der Betriebe	
		Mk.	Prozent der Gesamtüberschüsse	Mk.	Prozent der Gesamtüberschüsse
1890	21,59	14,76	68,36	5,45	25,28
1900	32,33	24,26	75,09	7,01	21,69
1905	33,68	26,81	79,61	7,03	20,89
1907	37,42	29,38	78,54	7,59	20,28

Zu den vorstehenden Bemerkungen ist nun allerdings hervorzuheben, daß die Summen, die zugunsten des städtischen Betriebes den Überschüssen der Sparkasse entnommen worden sind, außer Betracht geblieben sind.

Diese Angaben über die Bedeutung der städtischen Betriebe für den Stadthaushalt mögen genügen. Daß das Bild, das sie gewähren, nicht genau ist, geht aus den vorstehenden Ausführungen schon mit hervor. Es sei in dieser Beziehung aber auch ferner noch ausdrücklich daraufhin gewiesen, daß bei den Gasanstalten und beim Wasserwerk der Umstand unberücksichtigt bleiben mußte, daß die Stadt Gas und Wasser unentgeltlich oder wenigstens wesentlich unter dem Selbstkostenpreis erhält. Weiter möge noch beispielsweise hervorgehoben sein, daß der Einfluß, den die Dotierungen des Stadterweiterungsfonds aus den bei Grundstücksverkäufen erzielten Gewinnen auf den städtischen Haushalt im engeren Sinne haben, aus den vorstehenden Zusammenstellungen nicht zu ersehen ist. Diese Beispiele ließen sich noch beträchtlich vermehren. Ein genaues Bild würde eben nur dann zu erzielen sein, wenn die gesamte Rechnung darauf angelegt wäre, über diese Verhältnisse genauen Aufschluß zu geben, was aber natürlich nicht der Fall ist. Ganz einwandfrei würde aber auch dann das Ergebnis noch nicht sein, denn man darf nicht übersehen, daß sich die Bedeutung der gewerblichen Betriebe für den städtischen Haushalt in sehr weitem Umfange überhaupt nicht in Ziffern ausdrücken läßt. Es ist z. B., um in dieser Beziehung nur eins anzuführen, für die Stadt von außerordentlichem Werte, wenn sie für ihre Verwaltungszwecke ein Grundstück nicht erst für einen erfahrungsgemäß hohen Preis zu erwerben braucht, wenn sie vielmehr in solchen Fällen eigene Grundstücke zur Verfügung hat. Nicht minder ist der eigene Grundbesitz wichtig, wenn Straßenregulierungen vorgenommen oder sonstige Einrichtungen im Interesse der Allgemeinheit geschaffen werden sollen, zu deren Durchführung irgend welches Gelände gebraucht wird. Die Stadt wird dabei stets weniger Kosten aufzuwenden haben, wenn ihr das nötige Gelände wenigstens teilweise schon gehört, ohne daß sich aber natürlich genau angeben läßt, welche Summen tatsächlich erspart werden..

Fünftes Kapitel.

Die konzessionierten Privatbetriebe.

Nachdem im Jahre 1905, wie oben ausgeführt wurde, das Elektrizitätswerk in das Eigentum der Stadt Leipzig übergegangen ist, existieren gegenwärtig nur noch wenig konzessionierte Privatbetriebe. Davon werden die Gasanstalten der Thüringer Gasgesellschaft, was auch bereits erwähnt worden ist, in nächster Zeit ebenfalls städtische Betriebe werden, so daß dann nur noch ein sehr wichtiger Betrieb, die Straßenbahn, und einige von geringerer Bedeutung, wie die Düngerexport-Aktiengesellschaft und das Plakatwesen, übrig bleiben.

Über das Vertragsverhältnis, das zwischen der Aktiengesellschaft Leipziger Elektrizitätswerke und der Stadt bestanden hat, und über die Erfahrungen, die man mit diesem Privatbetriebe gemacht hat, ist das Nötige im zweiten und dritten Kapitel gesagt worden.

Wegen der übrigen Betriebe ist noch anzuführen:

1. Die Gasanstalten der Thüringer Gasgesellschaft.

Die Betriebe sind, wie bereits hervorgehoben worden ist, nicht von der Stadt Leipzig konzessioniert worden, sondern von den früheren Vorortsgemeinden, in deren Vertragsrechte dann die Stadt Leipzig bei der Einverleibung eingetreten ist.

Nach diesen Verträgen stand der Thüringer Gasgesellschaft gewöhnlich auf längere Zeit in bestimmtem Umfange das ausschließliche Recht der Gasversorgung zu. Nach Ablauf der Frist blieb ihr das Recht, weiter Gas abzugeben, doch konnte nunmehr die Stadt auch ihr Rohrnetz auf die von der Gesellschaft versorgten Gebiete ausdehnen. Soweit neue Straßen in Betracht kamen, geschah das auch in weitem Umfange; die Thüringer Gasgesellschaft sah in diesen Fällen freiwillig davon ab, neben den städtischen Röhren ihre eigenen zu legen, wenn sie auch das Recht dazu in Anspruch nahm. Soweit dagegen die Straßen schon mit Röhren der Gesellschaft belegt waren, machte wiederum die Stadt nur selten den Versuch, diese Straßen auch für sich zu gewinnen. Sie vermied vielmehr ebenfalls eine ernstliche Konkurrenz, weil dabei jedenfalls wirkliche Erfolge nicht zu erzielen gewesen wären. Denn technisch stand die Gasversorgung durch die Gesellschaft, wie von der Verwaltung der städtischen Anstalten wiederholt anerkannt wurde, durchaus auf der Höhe, es wäre also ein Wettkampf nur möglich gewesen durch Herabsetzung der Gaspreise. Aber auch das schien unmöglich, da dabei die Gesellschaft eine viel günstigere Position gehabt hätte als die Stadt.

In dem bereits erwähnten Schreiben an die Stadtverordneten vom 26. Juni 1907 führte der Rat in dieser Beziehung aus, ein Wettbewerb mit der Thüringer Gasgesellschaft sei ausgeschlossen gewesen:

„Ganz allgemein, weil es für eine öffentliche Körperschaft mißlich ist, mit Privatleuten in geschäftlichen Wettbewerb zu treten, dann aber besonders auch deswegen, weil die städtischen Anstalten zu einem derartigen Wettkampf nicht in der Lage gewesen wären. Es wären dafür Erweiterungsbauten allein der Rohrnetze im Werte von 5 Millionen Mark notwendig gewesen, aber selbst wenn man diese Ausgabe nicht gescheut hätte, konnte der Wettbewerb nicht von Erfolg gekrönt sein. Denn wie die Verhältnisse bei den hier in Frage kommenden Anstalten der Thüringer Gasgesellschaft liegen, wäre die Stadt nie in der Lage, den Abnehmern ebenso günstige Bedingungen zu stellen wie die Gesellschaft. Die Selbstkosten des Gases können nämlich von der Gesellschaft ganz außerordentlich niedrig angesetzt werden, da alle drei Anstalten vollständig abgeschrieben sind. Würde also die Stadt auch noch so weit mit dem Gaspreise herabgehen, die Gesellschaft würde immer in der Lage sein, das Gas noch billiger und dabei immer noch mit Gewinn abzugeben. Die Absicht würde also nicht erreicht werden, die Stadt würde aber im Gegenteil große Nachteile durch den Wettbewerb haben, da der Gaspreis dann natürlich im ganzen Stadtgebiet herabgesetzt werden müßte, was Einnahmeausfälle in beträchtlicher Höhe zur Folge haben könnte. Für die Zukunft könnte nun allerdings die Stadt voraussichtlich der Gesellschaft außerdem mit dem elektrischen Strom Konkurrenz machen, wenn das neue Elektrizitätswerk fertig sein wird. Aber auch damit würde der gewünschte Erfolg nicht zu erzielen sein, da zunächst das elektrische Licht zweifellos noch teurer ist als das Gaslicht, ferner aber die Gesellschaft auch dem elektrischen Strom gegenüber stets konkurrenzfähig bleiben dürfte, da sie eben die Gaspreise ganz außerordentlich würde herabsetzen können."

Es bestand also an sich ein erträgliches Verhältnis zwischen der Stadt und der Thüringer Gasgesellschaft, und da, wie gesagt, auch die Gasversorgung durch die Gesellschaft zu Klagen keinen Anlaß bot, so könnte man annehmen, daß gegen diese konzessionierten Privatbetriebe kommunalpolitisch nichts einzuwenden gewesen sei. Das war aber doch auch hier der Fall. Nicht nur, daß nämlich der Stadt durch den Privatbetrieb beträchtliche Gewinne entginnen, die ihr nach modernen kommunalpolitischen Anschauungen zukommen, erwuchsen ihr auch durch diese Betriebe Nachteile, die bei eigener Regie vermieden worden wären. Dabei kommt wenig in Betracht, daß sie nach den aufgestellten Berechnungen jährlich etwa 19000 Mk. mehr für die öffentliche Beleuchtung aufwenden muß, als wenn sie selbst die Gaslieferung für die letzteren mit besorgte.

Wichtiger ist schon der Umstand, daß, wenn auch bisher ein Wettbewerb mit der Thüringer Gasgesellschaft vermieden worden ist, doch ständig die Gefahr eines solchen Kampfes vorlag und auf die Dauer ein solcher Kampf sogar unvermeidlich schien wegen des neuen städtischen Elektrizitätswerkes, das die Vororte mit Strom versorgen soll.

Vor allem aber muß die Stadt nun, nachdem sich herausgestellt hat, daß die Versorgung des Gebietes der Thüringer Gasgesellschaft durch die Anstalten der Stadt auf die Dauer doch unvermeidlich ist, ganz wesentlich höhere Summen aufwenden, als wenn der Privatbetrieb nicht bestanden hätte.

Daß sie dabei wenigstens nicht zu große Verluste erleidet, hat die Stadt nur einer Reihe von zufälligen Umständen zu danken, die ihr auch überhaupt nur die Möglichkeit des Ankaufs verschafft haben, da sie nach den Verträgen Übernahmerechte nicht hat.

Die Ausführungen, die der Rat in dieser Beziehung in dem schon wiederholt zitierten Schreiben an die Stadtverordneten wegen der Übernahme der Anstalten gemacht hat, sind so interessant, daß sie ebenfalls hier wörtlich eingeschaltet sein mögen:

Bei dieser Sachlage gibt es nur einen Weg, die Gasversorgung der Gebiete der Thüringer Gasgesellschaft in die Hände der Stadt zu bekommen, das ist der Ankauf der Anstalten Leipzig-Gohlis, -Lindenau und -Sellerhausen durch die Stadt. Und wir haben denn auch von Anfang an diesen Ankauf ins Auge gefaßt. Aber wie das bei der günstigen Geschäftslage der Gesellschaft nicht anders zu erwarten war, war der Preis, den sie forderte, bisher so hoch, daß es uns nicht angängig schien, darauf einzugehen. Es hat sich erst in jüngster Zeit Gelegenheit geboten, mit der Thüringer Gasgesellschaft ernste Verhandlungen wegen des Ankaufes der drei Anstalten zu führen, weil gegenwärtig auch für die Gesellschaft ein gewisses Interesse vorliegt, die Anstalten an die Stadt zu verkaufen. Der Grund hierfür liegt einmal darin, daß nunmehr begründete Aussicht vorhanden ist, daß in nicht zu ferner Zeit das ganze Stadtgebiet mit elektrischem Strom versorgt werden wird. Zwar hat die Gesellschaft, wie oben auseinandergesetzt wurde und wie es auch die Gesellschaft wohl weiß, einen ernsten Wettkampf mit dem elektrischen Strom nicht zu fürchten. Aber offenbar ist auch der Gesellschaft an einem derartigen Konkurrenzkampfe nicht gerade viel gelegen, was begreiflich ist, wenn man bedenkt, daß auch für sie eine Herabsetzung des Gaspreises sicher erhebliche Einnahmeausfälle zur Folge haben würde. Dann aber, und das ist wohl für die Gesellschaft der Hauptgrund, jetzt einem Verkaufe geneigter zu sein, hat sie gerade gegenwärtig beträchtliche

Erweiterungen ihres Betriebes an andern Orten vor, wozu ihr der Kaufpreis sehr gelegen kommen würde.

Mit Rücksicht hierauf haben wir am Anfang dieses Jahres mit der Thüringer Gasgesellschaft Verhandlungen über den Ankauf der drei Anstalten in Leipzig-Gohlis, -Lindenau und -Sellerhausen angeknüpft. Diese Verhandlungen waren, trotzdem, wie gesagt, der Zeitpunkt und die Verhältnisse dem Kaufe günstig liegen, äußerst schwierig, da die Gesellschaft im Vertrauen auf ihre zweifellos günstigen Aussichten zunächst ganz beträchtliche Forderungen stellte. Als Kaufpreis beanspruchte sie für die Anstalten 10340000 Mk., der sich durch die Kosten für die Gasmesser und die Privateinrichtungen, ferner durch die Kosten für die in Ausführung begriffenen Erweiterungsbauten und schließlich durch die städtischen Kosten für den Anschluß der Rohrnetze auf einen Gesamtbetrag von 11225000 Mk. erhöhen würde. Wir erachteten dagegen einen Kaufpreis von höchstens 10 Millionen **Mark** gegenüber dem Betrage von 11225000 Mk. für angemessen. Nach vielem Widerstreben hat sich die Gesellschaft endlich bereit erklärt, sich mit einem Preise von 9250000 Mk. zufrieden zu geben, der durch die Gasmesser- und Privateinrichtungskosten, durch die Erweiterungsbaukosten und die Kosten für den Anschluß der Rohrnetze eine Erhöhung auf 10135000 Mk. erfährt. Auch hat die Thüringer Gasgesellschaft einige für die Stadt günstige Abänderungen des Vertrages im übrigen — die frühere Übergabe der Anstalten und ähnliches betreffend — gutgeheißen. Irgend ein weiteres Entgegenkommen hat sie entschieden abgelehnt.

Wir sind darüber nicht im unklaren, daß der Kaufpreis auch jetzt noch sehr hoch ist. Der tatsächliche Wert der drei zu erwerbenden Anstalten mit dem Zubehör dürfte mit 7 Millionen Mark hoch genug eingeschätzt sein. Immerhin scheint aber für die Gesellschaft der Wert der Anstalten mit dem geforderten Preis nicht zu hoch bemessen. Denn die Rechte, die sie aufgibt und die für sie in Zukunft ohne Zweifel noch sehr ausbeutungsfähig wären, haben nach einer Schätzung, die wir vorgenommen haben, sicher einen Wert von 4 Millionen Mark.

Auf der andern Seite bedeutet der Ankauf zu dem hohen Preise für die Stadt, abgesehen von dem außerordentlichen Vorteile, daß die oben geschilderten, sicher zu erwartenden Wettbewerbschwierigkeiten damit vermieden würden, immer noch kein ungünstiges Geschäft. Denn wie sich aus der Berechnung[1] ergibt, die wir Ihnen mit überreichen, werden die Anstalten nach der Übernahme bald recht gute Überschüsse abwerfen. Hierbei möchten wir ausdrücklich hervorheben, daß wir bei der Aufstellung dieser Berechnung mit der größten Vorsicht zu Werke gegangen sind, so daß mit großer Wahrscheinlichkeit anzunehmen ist, daß sich die Erträgnisse noch günstiger gestalten werden. Dies ist um so mehr zu erwarten, als sich ohne Frage die drei Anstalten, wenn sie einmal in unsre Hände übergegangen sein werden, einheitlicher und damit billiger werden bewirtschaften lassen. Jedenfalls würden wir die Anstalten als Gasfabriken überhaupt mit der Zeit eingehen lassen können und die von ihnen versorgten Gebiete mit von den vorhandenen städtischen Gaswerken aus speisen, so daß dann auch das Gelände der Anstalten noch günstiger verwertet werden könnte.

[1] Diese Berechnung ist nicht veröffentlicht worden.

Die Gasanstalten der Thüringer Gasgesellschaft sind die einzigen Betriebe in Leipzig, die an sich einen Vergleich zwischen städtischen und privaten Betrieben zulassen würden, da auch gleichartige städtische Betriebe vorhanden sind. Leider ist aber dieser Vergleich auch hier nicht möglich, weil nämlich die Thüringer Gasgesellschaft zusammen etwa 30 Gasanstalten betreibt, die in den verschiedensten Gegenden Deutschlands, zum Teil auch außerhalb Deutschlands liegen, und weil über alle diese Betriebe nur gemeinschaftlich berichtet wird. Es ist deshalb aus den Geschäftsberichten der Gesellschaft, abgesehen davon, daß sie überhaupt nur sehr spärliche Angaben enthalten, jedenfalls nichts darüber zu ersehen, wie sich speziell der Betrieb der Leipziger Anstalten gestaltet hat und welche Ergebnisse dabei erzielt worden sind. Das ganze Unternehmen wirtschaftet sehr günstig, denn seit Jahren hat die Gesellschaft 16 % Dividende an die Aktionäre verteilen können.

2. Die Leipziger Düngerexport-Aktiengesellschaft.

Bis zum Jahre 1882 kümmerte sich die Stadt Leipzig als solche nicht um die Grubenräumung in der Stadt. Damals nahmen aber die Belästigungen der Allgemeinheit durch die Grubenräumung so überhand, daß der Rat als Wohlfahrtspolizeibehörde eingreifen mußte. Durch das Düngerexportregulativ vom 8. Juni 1882, das am 15. März 1883 in Kraft getreten ist, wurde bestimmt, daß alle Gruben auf pneumatischem Wege geräumt werden müßten, und daß nur mit besonderer Ermächtigung des Rates jemand das Geschäft der Grubenräumung besorgen dürfe. Diese Ermächtigung erteilte der Rat der durch Mitglieder des Leipziger Hausbesitzervereins gegründeten Leipziger Düngerexport-Aktiengesellschaft für das ganze Stadtgebiet. Daneben behielten nur einige kleinere Unternehmen, die bisher bereits bestanden hatten, das Recht zur Grubenräumung in dem Umfange, als sie es bisher gehabt hatten.

Die Düngerexport-Aktiengesellschaft wurde mit einem Kapital von 600 000 Mk. gegründet und entwickelte sich gut. Doch mußte der Tarif mehrfach erhöht werden, da die Gesellschaft Schwierigkeiten beim Absatz des Düngers zu überwinden hatte, was ihre Erträgnisse stark beeinträchtigte.

Die Stadt beaufsichtigte den Betrieb der Gesellschaft und erhielt nach dem Vertrage von der Gesellschaft für die zur Aufsicht nötigen Beamten $^2/_8$ der Gehaltsbezüge ersetzt.

Im Jahre 1893 sah man sich zu einer völligen Neuregelung des Düngerabfuhrwesens genötigt. Es hatte sich besonders der Übelstand herausgestellt, daß die Gesellschaften die Räumung der Gruben ablehnten, wenn diese ungünstig lagen oder sonst nicht genügend Vorteile brachten. Das neue Regulativ, das nun beschlossen wurde, setzte in erster Linie fest, daß die Entleerung sämtlicher Gruben, sowie die Abfuhr und Verwertung des Düngers zu den öffentlichen Aufgaben der Stadtverwaltung gehöre und daß deshalb nur diese unmittelbar selbst oder durch Beauftragte die Grubenentleerung besorgen könne. Nur den Inhabern landwirtschaftlicher, im Stadtgebiete gelegener Betriebe ist auf Ansuchen zu gestatten, den Dünger ihrer eigenen Gruben auf die eigenen Felder zu räumen.

Durch einen neuen Vertrag wurde die Entleerung der Gruben nunmehr ausschließlich der Düngerexport-Aktiengesellschaft übertragen, die die Verpflichtung übernahm, zu einem festgesetzten Tarif jede Grube auf Antrag zu räumen, während dagegen die Stadt sich verpflichtete, 20 Jahre lang keine Konkurrenz zuzulassen, wenn sie nicht durch Entscheidung oberster Behörden dazu gezwungen würde oder es sich um neue Systeme der Düngerbeseitigung handelte.

Nach Beendigung des Vertragsverhältnisses steht dem Rate das Recht zu, die gesamten Einrichtungen der Gesellschaft zum Buchwerte zu übernehmen.

Der Tarif ist herabzusetzen, wenn die Dividenden der Gesellschaft, die unter Berücksichtigung bestimmter Abschreibungsquoten zu berechnen sind, vier Kalenderjahre hintereinander durchschnittlich mehr als 8 % betragen, und zwar soweit, bis die Dividende 8 % nicht mehr übersteigt. Übersteigt die Dividende 6 %, so ist von dem überschießenden Betrage die Hälfte den Grundstücksbesitzern gut zu schreiben, deren Gruben im letzten Jahre geräumt worden sind.

Diese neuen Bestimmungen wurden erst nach langer Debatte vom Stadtverordnetenkollegium angenommen. Besonders die Hausbesitzer waren damit nicht einverstanden, weil sie eine zu große Belastung fürchteten. Nur durch Zulassung der Konkurrenz werde man, so meinten einige, dagegen geschützt sein, daß die Gesellschaft ihre Stellung nicht zu Ungunsten der Hausbesitzer ausnütze.

Die Frage der eigenen Regie wurde nur kurz berührt; man war darüber einverstanden, daß daran nicht zu denken sei.

Die technischen Einrichtungen der Gesellschaft haben sich bewährt, wenigstens sind darüber keine Klagen laut geworden, und andere Städte haben sich die Einrichtungen in Leipzig zum Muster genommen. Dagegen hat die Gesellschaft im Laufe der Jahre wiederholt Erhöhung der Tarife gewährt erhalten müssen, weil sie mit den ursprünglich festgesetzten Tarifen nicht auszukommen vermochte.

Als Gegenleistung hat sie die Verpflichtung übernommen, daß bereits der 5 % übersteigende Gewinn, gegen frühere 6 %, zur Hälfte den zahlenden Grundstücksbesitzern zugute kommen soll.

Bei den Tarifverhandlungen wurde wiederholt der Auffassung Ausdruck gegeben, daß die Düngerabfuhr noch wesentlich teuerer sein werde, wenn sie die Stadt in eigener Regie ausführte.

3. Das Plakatwesen.

Nach der Verkehrsordnung der Stadt Leipzig dürfen Plakate nur an den dazu bestimmten Säulen oder Tafeln angebracht werden. Das Recht, solche Säulen und Tafeln aufzustellen, hat seit dem Jahre 1878 auf Grund eines Vertrages, den der Rat mit ihr abgeschlossen hat, eine Privatfirma. Der Vertrag ist mehrfach verlängert worden, er läuft noch bis zum Jahre 1913. Die Firma hat auf Grund des Vertrages bisher etwa 110 Säulen und 290 Plakattafeln im Stadtgebiete aufgestellt.

Für das Recht zur Aufstellung von Plakatsäulen und Tafeln hat die Firma nach dem Vertrage an die Stadt 10 % der Bruttoeinnahme des Plakatgeschäfts in Alt-Leipzig und 5 % der Bruttoeinnahme des Geschäfts in den einverleibten Vororten zu zahlen. Im Jahre 1907 sind das etwas über 10 500 Mk. gewesen, wie sich aus der Rechnung ergibt. Außerdem hat die Firma die Plakate des Rates und des Polizeiamtes unentgeltlich anzuschlagen. Auf Verlangen des Rates hat die Firma neue Plakatsäulen aufzustellen; dagegen hat ihr der Rat zugesichert, solange keine Konkurrenz zuzulassen, als die Firma ihre Verpflichtungen gegenüber der Stadt und dem Publikum erfüllt.

Der Tarif für die Befestigung der Plakate unterliegt der Genehmigung des Rates. Die Firma darf Plakate, die von der Polizei unbeanstandet gelassen sind, nicht zurückweisen, solange sie genügend Raum zur Verfügung hat.

Der Betrieb des Geschäfts hat zu Klagen bisher keinen Anlaß gegeben, doch ist bei den Stadtverordneten wiederholt darauf hingewiesen worden, daß die Stadt aus diesem Institute viel mehr Einnahmen ziehen könne. Am besten würde es sein, wenn sie es in eigene Regie nähme, da dieser Betrieb besonders einfach sei, so daß Schwierigkeiten nicht entstehen können. Zum mindesten müsse aber nach Ablauf des Vertrags eine öffentliche Ausschreibung stattfinden. — Im Jahre 1913 wird also voraussichtlich eine Neuregelung des Plakatwesens vorgenommen werden.

4. Die Straßenbahnen.

Die Stadt Leipzig erhielt im Jahre 1871 eine Pferdebahn, die von einem englischen Ingenieur, Hutton Vignoles in London, für eine noch zu gründende englische Gesellschaft gebaut wurde. Die Gesellschaft gründete sich unter dem Namen: Leipzig Tramways Company Limited und sie erhielt die Konzession, die der Rat Hutton Vignoles erteilt hatte, mit Genehmigung des Rates übertragen.

Der Betrieb der Pferdeeisenbahn wurde am 16. Mai 1872 eröffnet. Bei den Verhandlungen über den Bau und Betrieb dieser Bahnen, die längere Zeit gedauert haben, ist anscheinend der Gedanke, daß die Stadt eine solche Bahn selbst bauen und betreiben könne, nicht aufgekommen. Das lag daran, daß in Deutschland irgendwelche in Betracht kommende Erfahrungen mit den Pferdeeisenbahnen damals überhaupt noch nicht vorlagen. Es glaubte wohl eigentlich niemand ernstlich, daß ein solches Unternehmen Aussicht auf wirtschaftliche Erfolge haben könne, und deshalb hatte auch das einheimische Privatkapital keine Neigung, das Unternehmen zu versuchen. Ein Bedürfnis aber, dessen Befriedigung Sache der Stadt gewesen wäre, lag nach der allgemeinen Auffassung damals sicher nicht vor.

Die Konzession wurde erteilt auf die Dauer von 50 Jahren, also bis zum Jahre 1921. Nach Ablauf dieser Zeit sollte die Anlage, abgesehen von den Pferden und dem Grundbesitze, der zu Stallungen und Wohnungen erworben werden würde, unentgeltlich an die Stadt fallen, der jedoch das Recht zustehen sollte, die Übernahme abzulehnen und die Beseitigung der Anlage aus den Straßen zu fordern.

Die Unternehmerin unterwarf sich allen wohlfahrts- und straßenpolizeilichen Bestimmungen, die in der Stadt galten, und verpflichtete sich, alle aus straßen- und wohlfahrtspolizeilichen Gründen etwa nötigen Änderungen ihrer Anlagen auf Verlangen des Rates unweigerlich vorzunehmen. Dagegen wurde ihr zugesichert, daß auf den von ihr gebauten und im Betriebe befindlichen Linien auf die Dauer der Konzession anderen Unternehmern eine Konzession nicht erteilt werden solle.

Auf gepflasterten Straßen und Plätzen hatte die Unternehmerin den Bahnkörper ebenfalls zu pflastern, auf makadamisierten Straßen und Plätzen aber ebenfalls nur Makadam, jedoch unter Verwendung von Randsteinen an den Schienen herzustellen.

Von der Erhebung einer Abgabe für die Benutzung der öffentlichen Straßen und Plätze mit Ausnahme eines Pachtzinses für das Gelände, das zur Errichtung von Wartehäusern gebraucht wurde, sah die Stadtgemeinde ausdrücklich ab, da das Unternehmen nur zur Förderung des Verkehrs, nicht aber als Einnahmequelle für die Stadt konzessioniert werde.

Die Konzessionsbedingungen waren also außerordentlich günstig und gaben der Gesellschaft eine große Macht in die Hand. Diese günstigen Bedingungen nützte sie denn auch, wie sich aus späteren Verhandlungen der städtischen Körperschaften ergibt, nach Kräften aus. Alle Klagen über schlechte Beschaffenheit des Straßenbahnkörpers, der Schienen usw. ließ sie unbeachtet. Zur Verbesserung des Verkehrs ließ sie sich nie anders bereit finden, als unter der Bedingung, daß ihr die Stadt irgend welche Vorteile als Gegenleistung gewährte.

Die Anordnungen, die der Rat der Stadt als Wohlfahrtspolizeibehörde traf, focht die Gesellschaft regelmäßig an, aber auch wenn die obersten Behörden die Anordnungen aufrecht erhielten, war die Gesellschaft zu irgend welchen Abänderungen noch nicht zu bewegen.

Dieser für die Allgemeinheit unhaltbare Zustand währte bis zum Jahre 1879, wo die Gesellschaft endlich Geneigtheit zum Entgegenkommen kundgab. Der Grund dafür lag darin, daß ihr die Gefahr der Konkurrenz drohte. Es hatte sich nämlich ein Ingenieur an den Rat der Stadt mit dem Ersuchen gewendet, ihm die Erlaubnis zum Bau einer Dampfstraßenbahn zu erteilen. Als ihr das bekannt wurde, kam nun auch die Pferdebahngesellschaft mit dem Gesuche um Konzessionierung neuer Linien, deren Bau schon längst als dringendes Bedürfnis erkannt war, und diese Gelegenheit benutzte die Stadtverwaltung, das ganze Verhältnis zwischen ihr und der Gesellschaft einer grundlegenden Neuregelung zu unterziehen. Man stellte vor allem neue allgemeine Bedingungen auf, die der Stadt größere Macht gegenüber der Gesellschaft in die Hand gaben, und machte die Erteilung der Erlaubnis zu den neuen Linien davon abhängig, daß die Gesellschaft die neuen Bedingungen auch für die alten Linien anerkannte — abgesehen von der Konzessionsdauer — und daß sie sich ausdrücklich verpflichtete, die alten Linien umzubauen, die Linien nach dem Wunsche der Stadt einzurichten und sonstige Mängel abzustellen.

Nach längerem Widerstreben unterwarf sich die Gesellschaft endlich im Jahre 1881 den neuen Bedingungen und erhielt darauf die Erlaubnis zum Bau einer Anzahl neuer Linien.

Die wichtigsten der neuen Bedingungen waren die folgenden:

Die Erlaubnis wurde auf 30 Jahre erteilt, also für die Zeit bis zum Jahre 1911; für die alten Linien blieb, wie bereits erwähnt, die frühere Konzessionsdauer bestehen. Für diese Zeit verpflichtete sich die Stadt, Konkurrenzlinien nach den Orten, die nunmehr Straßenbahnverbindung erhielten, nicht zu genehmigen, wenn sich die Pferdebahngesellschaft auf Verlangen bereit erkärte, solche Linien selbst zu bauen. Auf Strecken bis zu 400 m Länge war jedoch die Gesellschaft unter allen Umständen verpflichtet, ihre Gleise durch andere Unternehmen gegen eine in der Konzessionsurkunde festgesetzte Entschädigung mit benutzen zu lassen.

Nach Ablauf der Konzessionsdauer stand der Stadt das Recht zu, das Unternehmen in bestimmtem Umfange nach einer, durch Schiedsrichter abzugebenden Taxe zu übernehmen, oder auch die Beseitigung der Anlage und ordnungsmäßige Wiederherstellung der Straßen und Plätze von der Gesellschaft zu fordern. Die Gesellschaft wurde verpflichtet, den Straßenbahnkörper in bestimmtem Umfange nach den Vorschriften des Rates herzustellen, zu unterhalten und reinzuhalten. Ihre gesamte Anlage mußte den Vorschriften, die der Rat dafür erließ entsprechen, sie bedurfte der Genehmigung und wurde ständig wegen ihres guten Zustandes überwacht.

Die Fahrpläne und Fahrpreise unterlagen ebenfalls der Genehmigung des Rates. Eine Abgabe hatte die Gesellschaft, abgesehen von ihrer Verpflichtung zur Herstellung des Straßenbahnkörpers, zu seiner Unterhaltung und Reinhaltung auch nach den neuen Bedingungen nicht zu leisten.

Die Stadt erhielt also im allgemeinen größere Rechte gegenüber der Bahn, und in der Tat verstummten auch auf einige Zeit die Klagen über die Gesellschaft. Bald aber stellten sich neue Mängel heraus; die Wagenfolge war zu gering, infolgedessen wurden die Wagen überfüllt und trotzdem noch nicht alle befördert, die die Pferdebahn benutzen wollten.

Ferner wurden Klagen laut über zu hohe Tarife und darüber, daß die Gesellschaft wiederum neue Linien, die sich als notwendig herausstellten, nicht baute. Aber auch jetzt gelang es dem Rate der Stadt nicht, von der Bahn Abhilfe zu erreichen, bis die Gesellschaft selbst wieder mit einem Antrag um Genehmigung von neuen Straßenbahnlinien an ihn herantrat.

Sie erhielt die Linien im Jahre 1889 genehmigt. Bei dieser Gelegenheit wurde jedoch ein Nachtrag zu den Bedingungen vom Jahre 1881 festgestellt. Durch diesen Nachtrag erreichte die Stadt einmal, daß einige neue Linien, deren Bau sich als dringend notwendig herausgestellt hatte, nunmehr von der Gesellschaft gebaut werden mußten. Ferner wurden einige Streitfragen, die sich wegen der Straßenpflasterung und Reinigung im Laufe der Jahre entwickelt hatten, beseitigt. Vor allem aber wurde nunmehr eine Abgabe festgesetzt, die von der Straßenbahngesellschaft an die Stadt für die Benutzung der Straßen und Plätze zu zahlen war. Diese Abgabe betrug für den Kilometer 350 Mk. im Jahre bei einer Dividende von 5 % und stieg bis zu 500 Mk. bei einer Dividende von mehr als

7 %. Die Gesellschaft erhielt dagegen, wie erwähnt, die Erlaubnis zum Bau der von ihr gewünschten neuen Linien und dazu eine Verlängerung der Konzessionsdauer für alle Linien bis zum 31. Dezember 1921.

In ein neues Stadium trat dann die ganze Straßenbahnangelegenheit im Jahre 1892, als auch an den Rat der Stadt Leipzig Gesuche um die Erlaubnis zum Bau und Betriebe elektrischer Straßenbahnen kamen.

Bei den Verhandlungen, die über diese Frage in den folgenden Jahren bei den Stadtverordneten stattfanden, wurde in erster Linie festgestellt, daß die Straßenbahnverhältnisse der Stadt Leipzig dem vorhandenen Bedürfnis in keiner Weise genügten. Die Pferdebahn war dem Verkehre nicht gewachsen, und tat auch nichts, um den vorhandenen Wünschen gerecht werden zu können. Nur durch eine wirksame Konkurrenz werde die Gesellschaft, so wurde ausgeführt, dazu gezwungen werden können, endlich für Verbesserung ihres Betriebes zu sorgen und weitere Linien zu bauen.

Es wurde deshalb im Jahre 1894 einem Unternehmer die Erlaubnis zum Bau und Betriebe einer Reihe elektrischer Straßenbahnlinien in Leipzig erteilt. In der Tat hatte die drohende Konkurrenz auch in diesem Falle wieder den Erfolg, den man von ihr erwartete, denn sofort rührte sich nun auch die Pferdebahngesellschaft. Es bildete sich ein Konsortium zu dem Zwecke, die ganze Anlage der Pferdebahngesellschaft zu übernehmen, den elektrischen Betrieb einzuführen und das Netz entsprechend auszubauen. Im Jahre 1895 wurde auch dazu von den städtischen Körperschaften die Genehmigung erteilt.

In beiden Fällen wurde die Genehmigung geknüpft an allgemeine Bedingungen für den Bau und Betrieb elektrischer Straßenbahnen in Leipzig, die die folgenden Hauptbestimmungen enthalten:

Sitz und Gerichtsstand des Unternehmens ist Leipzig. Mit anderen Unternehmen darf es nicht verbunden werden. Die Konzession wird auf die Dauer von 40 Jahren vom Beginn des Betriebes an erteilt. Auch später genehmigte Linien hören mit Ablauf dieser Zeit auf. Nach Ablauf der Konzessionsdauer geht die gesamte Anlage, abgesehen von den in den letzten 5 Jahren neu angeschafften Triebwagen und den Grundstücken der Gesellschaft nebst den darauf errichteten Gebäuden und Maschinenanlagen, unentgeltlich in das Eigentum der Stadt über. Auch die Triebwagen, die in den letzten 5 Jahren angeschafft werden, und die Grundstücke kann die Stadt zu einem Taxwerte übernehmen.

20, 25, 30 und 35 Jahre nach Eröffnung des Betriebes kann die Stadt Leipzig der Gesellschaft die ganze Anlage für einen durch Sachverständige zu bestimmenden Taxwert abkaufen. Der Kaufpreis beträgt, wenn die Übernahme 20 Jahre nach der Betriebseröffnung erfolgt, den vollen Taxwert, soweit die Anlage nach 40 Jahren unentgeltlich an die Stadt fallen würde, nach 25 Jahren 3/4, nach 30 Jahren 1/2 und nach 35 Jahren 1/4 des Taxwertes. Außerdem hat die Stadt zu zahlen bei Übernahme nach 20 Jahren den 13fachen Betrag, nach 25 Jahren den 10 3/4 fachen Betrag, nach 30 Jahren den 8fachen und nach 35 Jahren den 4 1/8 fachen Betrag des Reingewinnes, der nach dem Durchschnittsergebnis der letzten 5 Jahre vor der Übernahme zu ermitteln ist. Der Reingewinn ist der Überschuß der Betriebseinnahmen nach Abzug von 4 1/2 % Zinsen des Einlagekapitals über die Betriebsausgaben, einschließlich der Abschreibungen und Schuldzinsen. Das Mindestmaß der Abschreibungen, die hier zu berücksichtigen sind, ist im Vertrage festgelegt.

Vom Beginn des vierten Betriebsjahres an hat die Unternehmerin eine Abgabe an die Stadt zu zahlen, die zunächst 2 % der gesamten Fahrgeldeinnahme beträgt und nach je 5 Jahren um 1 % steigt bis zu 5 %.

Den Bahnkörper hat der Unternehmer in seiner ganzen Breite und außerdem je 50 cm zu beiden Seiten der Schienen nach den Vorschriften der Stadt herzustellen, zu unterhalten und zu reinigen, auch neu herzustellen, wenn sich die Neuherstellung im Laufe der Vertragsdauer notwendig macht.

Zum Zwecke der Kontrolle steht den Organen des Rates die Einsicht in die Geschäftsbücher des Unternehmens zu. Auf Strecken bis zu 500 m Länge muß der Unternehmer seine Gleisanlage gegen Entschädigung von anderen Unternehmern mit benutzen lassen. Fahrpläne und Tarife werden vom Rate festgesetzt. Der ganze Betrieb, insbesondere die Betriebsmittel, die Beamten usw. unterstehen der Kontrolle der Stadt, die jederzeit nach Gutdünken polizeiliche Anordnungen erlassen kann.

Abgesehen von diesen allgemeinen Bedingungen wurden in besonderen Konzessionsverträgen noch Bestimmungen getroffen, von denen die folgenden die wichtigsten sind:

Innerhalb der auf den Beginn des elektrischen Betriebes folgenden 10 Jahre hat der Unternehmer auf Verlangen des Rates 12 km neue Bahnlinien außer den im Vertrage festgesetzten Linien zu bauen und zu betreiben. Bis zu 5000 m Fahrtlänge darf nicht mehr als 10 Pf. Fahrgeld erhoben werden, und zwar gleichgültig, ob diese Strecke auf einer oder auf zwei Linien zurückgelegt wird. Es muß also einmal Umsteigen mindestens gestattet werden. Abgesehen davon sind Abonnementskarten auszugeben. Die Ausstattung der Wagen, die Schienenanlage, die Kraftstation, überhaupt die gesamte Anlage ist nach den Vorschriften des Rates einzurichten. Zur Sicherstellung der Ansprüche der Stadt gegenüber dem Unternehmer hat die Gesellschaft eine bestimmte Summe als Kaution zu hinterlegen.

Es ist ohne weiteres zu ersehen, daß die Bedingungen, unter denen die neuen elektrischen Straßenbahnen in Leipzig genehmigt wurden, wesentlich schwerer waren, als die, die für die Pferdebahngesellschaft bestanden haben.

Man hatte namentlich die Abgabepflicht der Gesellschaft bedeutend erweitert und dann auch vor allem die Beschränkung beseitigt, die bisher wegen Zulassung von Konkurrenzunternehmen bestanden hatte. Weiter hatte man einen für damalige Verhältnisse außerordentlich niedrigen Tarif durchgesetzt und endlich erreicht, daß in Zukunft Bedürfnisse nach neuen Linien von den Unternehmern befriedigt werden mußten, wenigstens, wenn sich die Bedürfnisse im Laufe der ersten 10 Jahre nach der Betriebseröffnung herausstellten.

Man war mit diesem Erfolge sehr zufrieden und hoffte damit die beste Regelung der Leipziger Straßenbahnverhältnisse gefunden zu haben, die überhaupt möglich war.

Die nächsten Jahre schienen dies auch zu bestätigen. Die beiden Gesellschaften, auf die die Konzession überging, die Große Leipziger Straßenbahn und die Leipziger Elektrische Straßenbahn, betrieben sofort mit allen Mitteln den Ausbau ihrer Netze und eröffneten den elektrischen Betrieb sobald als das möglich war. Das bedeutete natürlich gegen früher eine ganz außerordentliche Verbesserung, insbesondere auch, weil die Leipziger Elektrische Straßenbahn sofort auf allen ihren Linien, auch wenn sie länger als 5000 m waren, den Einheitspreis von 10 Pf. einführte und die Große Leipziger Straßenbahn, das war die Nachfolgerin der früheren Pferdebahn, diesem Beispiel folgte.

Bei den Stadtverordneten wurden alle die Vorteile, die die Stadt von den neuen Gesellschaften hatte, in der Sitzung vom 30. Dezember 1895 ausdrücklich hervorgehoben. Es wurde auch noch besonders erwähnt, daß die Stadt von den Straßenbahnen ganz wesentliche Abgaben erhalten werde, im Jahre mindestens 400 000 Mk., während die Pferdebahn im Jahre 1894 nur rund 14 200 Mk. als Abgabe und rund 22 300 Mk. für die Straßenreinhaltung bezahlt hatte.

Wenn man bedenke, so führte ein Redner aus, daß man für beide Straßenbahnen ein Kapital von rund 22 000 000 Mk. hätte aufwenden müssen, das natürlich hätte verzinst und amortisiert werden müssen, so könne man wohl sagen, daß die Stadt richtig gehandelt habe, wenn sie die Sache nicht selbst in die Hand genommen habe.

Der Grund für diese Ausführungen lag hauptsächlich darin, daß zwar nicht bei der Beratung über die allgemeinen Bedingungen und auch nicht bei der Beratung über die Vorlage wegen des Konkurrenzunternehmens für die Pferdeeisenbahn, wohl aber bei der Beratung über die Umwandlung der Pferdeeisenbahn in eine elektrische Bahn, gewichtige Stimmen für Übernahme dieses Unternehmens in eigene Regie laut geworden waren.

Besonders der damalige Stadtverordnete, Professor Bücher, wies eingehend auf die Nachteile hin, die für die Stadt durch die Konzessionierung von Privatunternehmen entstehen könnten und würden. Aber auch von anderer Seite wurde der Grundsatz vertreten, daß Unternehmen, die ein so weitgehendes Straßenbenutzungsrecht eingeräumt erhalten müßten, in die Hand der Stadt gehören, auch deshalb, weil die Stadt die Einnahmen aus solchen Unternehmen sehr gut werde brauchen können.

Dagegen wurde angeführt, daß es zweifelhaft sei, ob man überhaupt die Genehmigung zur Aufnahme einer Anleihe von 20 000 000 Mk., die erforderlich sein werde, erhalten werde. Außerdem sei es doch nicht sicher, daß das Unternehmen wirklich einen Gewinn abwerfe.

Es wurde auch noch darauf hingewiesen, daß man die Wirkung des Konkurrenzunternehmens zu wenig beurteilen könne, um der Stadt das Risiko zumuten zu können. Außerdem werde man ja bereits nach 20 Jahren in der Lage sein, das Unternehmen zu erwerben, die Stadt laufe also keine so große Gefahr. Mit 34 gegen 19 Stimmen wurde schließlich der Konzessionierung zugestimmt.

Wie schon erwähnt wurde, gab in der Tat die Entwicklung des Leipziger Straßenbahnwesens zunächst denen Recht, die den eingeschlagenen Weg für den einzig richtigen hielten. Die Gesellschaften bauten schnell ihr Netz aus. Der 10 Pf.-Tarif gewährte gegen früher so beträchtliche Vorteile, daß sich ein Verkehr entwickelte, wie ihn niemand erwartet hatte. Dabei waren alle Einrichtungen neu und bewährten sich vortrefflich, so daß irgend ein Grund zum Klagen kaum vorlag. Doch dauerte dieser Zustand nicht eben lange. Seit etwa dem Jahre 1902 nämlich sind mehr und mehr Klagen laut geworden über den Betrieb der Leipziger Straßenbahnen. Dieselben Mängel, die auch schon früher bei der Pferdebahn immer und immer wieder gerügt worden waren, haben sich von neuem gezeigt. Am 4. April 1906 schrieb darüber der Rat:

Die Verwaltung der Leipziger Elektrischen Straßenbahn ist nach unserem Dafürhalten nicht so, wie man es von einer Verwaltung eines Straßenbahnunternehmens fordern muß. Das zeigt sich einmal darin, daß der Betrieb der Bahn den Verkehrsbedürfnissen seit längerer Zeit auch nicht annähernd mehr gerecht wird, und ferner darin, daß sich die Betriebsmittel, insbesondere das Wagenmaterial und die Schienen in einem zum größten Teile durchaus ungenügenden Zustande befinden. In beiden Beziehungen sind seit mehreren Jahren die Klagen nicht mehr verstummt, die Gesellschaft hat aber allen unseren Aufforderungen und Anordnungen zuwider bisher keine Abhilfe geschafft. Der Mangel an genügend dichtem Wagenverkehr zeigt sich namentlich in den Morgenstunden und abends, wo naturgemäß der lebhafteste Verkehr zwischen Wohnungen und Arbeitsstätten stattfindet. In den letzten Wochen des vorigen und in den ersten dieses Jahres haben wir eingehende Zählungen der Fahrgäste vornehmen lassen, die in den Hauptverkehrszeiten entweder wegen Überfüllung nicht mit dem Wagen, mit dem sie fort wollten, fortkommen konnten oder in überfüllten Wagen als überzählig befördert wurden. Aus diesen Zählungen ergibt sich, daß auf den sämtlichen Linien der Leipziger Elektrischen Straßenbahn zusammen wöchentlich, außer Sonntags, mindestens 3000 Personen nicht mit dem Wagen fortkommen, mit dem sie fahren wollen, oder als überzählig in überfüllten Wagen befördert werden (ca. 500). Mit dieser Zahl ist nun aber noch lange nicht die Zahl der Fahrgäste gegeben, die die Linien der Leipziger Elektrischen Straßenbahn benutzen würden, wenn genügende Verkehrsmittel vorhanden wären. Diese Zahl ist vielmehr sicher um ein Mehrfaches höher. Denn es ist ein alter Erfahrungssatz, daß sich bei solch mangelhaften Zuständen das Publikum mit der Zeit abgewöhnt, die Straßenbahn zu benutzen, weil es nicht mit ihr rechnen kann. Das ist ganz natürlich. Die meisten Fahrgäste, die z. B. in den Morgenstunden die Straßenbahn benutzen, müssen pünktlich an bestimmten Stellen eintreffen; jede Verspätung bringt ihnen vielleicht sogar materielle Nachteile, Strafen usw. Einige Male nicht mit fortkommen, genügen unter diesen Umständen, dem Fahrgast das Fahren überhaupt abzugewöhnen, er legt den Weg regelmäßig zu Fuß zurück, wenn er nicht etwa eine andere Linie zu erreichen vermag, die er sonst benutzen kann. Es ist gar nicht zu bezweifeln, daß z. B. die Kleinzschochersche Linie der Großen Leipziger Straßenbahn von sehr vielen Fahrgästen benutzt wird, denen die Linien der Leipziger Elektrischen Straßenbahn günstiger liegen, bloß deshalb, weil die Fahrgäste nicht damit rechnen können, daß sie von den Wagen der Linien 3 und 5 befördert werden.

Auch bei der Großen Leipziger Straßenbahn sind, wie wir ebenfalls durch Zählungen festgestellt haben, auf fast allen Linien zu bestimmten Zeiten viele Fahrgäste nicht mit fortgekommen. Erst auf unser wiederholtes Drängen hat sich die Verwaltung entschlossen, mehr Wagen verkehren zu lassen, was ohne Frage, namentlich wenn die Gesellschaft damit nicht wieder nachläßt, eine Erhöhung der Rentabilität zur Folge haben wird.

Diese Klagen dauern bis in die jüngste Zeit fort, wenn auch jetzt manches besser geworden ist, wie neuerdings anerkannt wird.

Auch in anderer Beziehung fehlt es nicht an Übelständen im Straßenbahnwesen. Aus den Berichten über die Sitzungen der Stadtverordneten geht hervor, daß die Straßenbahngesellschaften jetzt durchaus nicht mehr geneigt sind, Wünschen der Stadt gerecht zu werden, wie das im Anfang wohl der Fall war, selbst wenn sie nach Auffassung der städtischen Behörden dazu verpflichtet sind. Denn es hat in den letzten Jahren eine ganze Reihe von Prozessen zwischen der Stadtgemeinde und den Straßenbahngesellschaften gespielt über Vertragsbestimmungen und sie spielen zum Teil noch.

Bei diesen Prozessen zeigt sich oft, daß die scheinbar klarsten Vertragsbestimmungen doch die Stadtgemeinde gegenüber den Erwerbsinteressen der Gesellschaften nicht zu schützen vermögen. So verlangte z. B. die Stadt vor einigen Jahren von der Großen Leipziger Straßenbahn die Verlängerung einer Strecke um etwa 300 m nach der Peripherie der Stadt zu, weil sich die Stadt seit der Eröffnung der Bahn tatsächlich um 300 m weiter hinaus entwickelt hatte. Die Bewohner des neuentstandenen Viertels hatten natürlich ein Interesse daran, daß die Bahn bis dahin verlängert wurde, und das war auch außerdem deshalb erwünscht, weil die bestehende Endstation verkehrsstörend wirkte. Da die Große Leipziger Straßenbahn freiwillig die Verlängerung nicht ausführen wollte, forderte der Rat den Bau auf Grund der Vertragsbestimmung, wonach die Gesellschaft innerhalb der ersten 10 Jahre nach der Betriebseröffnung 12 km neue Bahnlinien zu bauen verpflichtet war, wenn es die Stadt verlangte. Die Gesellschaft bestritt jedoch diese Verpflichtung, weil es sich um eine Bahn*strecke*, nicht um eine Bahn*linie* handelte und sie bekam, trotzdem nach der Auffassung der städtischen Behörden kein Zweifel bestand, daß diese Auslegung falsch war, doch in der höchsten Instanz Recht.

Ebensowenig gelang es der Stadt, eine andere Erweiterung auf Grund dieser Vertragsbestimmungen durchzusetzen, obwohl auch hier die rechtliche Verpflichtung der Gesellschaft zweifellos zu sein schien. Die Vertragsbestimmungen, die auf Grund der Erfahrungen mit der früheren Pferdebahn ausdrücklich für derartige Fälle aufgenommen worden, versagten also vollständig.

Die Erfahrungen, die man die Jahre daher gemacht hat, haben mithin gezeigt, daß es ein Irrtum war, wenn man bei der Beratung über die allgemeinen Bedingungen und über die Konzessionsverträge angenommen hatte, durch die Konkurrenz und durch die neuen strengen Bestimmungen werde die Stadt in der Lage sein, das Einreißen von Mißständen, wie sie früher bei der Pferdebahn zu beklagen gewesen waren, zu hindern. Die Gesellschaften haben bisher, wie früher die Pferdebahngesellschaft, immer Mittel und Wege gefunden, sich den Verpflichtungen, die im Vertrage festgelegt sind, solange zu entziehen, als sie es für gut befanden. Denn wenn auch, wie schon festgestellt wurde, in letzter Zeit vieles besser geworden ist, so ist das nicht geschehen, weil sich die Gesellschaften dazu nach den Verträgen verpflichtet fühlten, sondern weil sie nach der Geschäftslage annehmen, daß die Verbesserungen ihres Betriebes die Rentabilität des Unternehmens erhöhen werden.

Für die Gesellschaften ist eben in allen diesen Fragen in erster Linie das Erwerbsinteresse ausschlaggebend, mögen sie das auch immer und immer wieder in Abrede stellen. Nur wenn ihr Erwerbsinteresse nicht gefährdet wird, sind sie bereit, Verbesserungen einzuführen. Droht irgend eine Beeinträchtigung des Ertrages, so lehnen sie Verbesserungen ab.

Was die Gesellschaften dabei unter angemessener Rentabilität verstehen, das ergibt sich aus den langwierigen Verhandlungen, die in Leipzig wegen Abänderung des bestehenden 10 Pf.-Einheitstarifs geführt worden sind.

Als nämlich in den Jahren 1900, 1901 und 1902 ein Sinken des Ertrages der Straßenbahnen eintrat, beantragten die Gesellschaften, den Tarif zu erhöhen, da bei diesem Tarife eine angemessene Verzinsung des angelegten Kapitals nicht dauernd zu erreichen und insbesondere die Möglichkeit nicht gegeben sei, im Interesse der Allgemeinheit notwendige Erweiterungen und Verbesserungen vorzunehmen. Bisher ist es zu dieser Tariferhöhung noch nicht gekommen. Die Erträgnisse der Gesellschaften aber haben sich wie folgt gestaltet:

Es hat an Dividenden verteilt:

	Die Große Leipziger Straßenbahn:	Die Leipziger Elektrische Straßenbahn:
1896	6 %	4 %
1897	8 %	4 %
1898	8 %	4 %
1899	8 %	4 %
1900	7 %	3 %
1901	5 1/2 %	2 %
1902	5 1/2 %	2 %
1903	7 %	3 1/2 %
1904	7 1/2 %	3 1/2 %
1905	8 1/2 %	4 %
1906	9 %	4 %
1907	9 %	4 1/2 %
1908	9 1/2 %	5 %.

Abgesehen von den Jahren 1901 und 1902, die wie bekannt Krisenjahre waren, besonders für Leipzig infolge des Zusammenbruchs der Leipziger Bank im Jahre 1901, zeigen also die Dividenden eine aufsteigende Tendenz und sind insbesondere bei der Großen Leipziger Straßenbahn sehr beträchtlich.

Dabei muß noch besonders hervorgehoben werden, daß die Große Leipziger Straßenbahn im Jahre 1907 ihr Aktienkapital von 10 000 000 auf

12 000 000 Mk. erhöht hat und daß sie trotzdem in diesem Jahre 9 % und 1908 9 1/2 % Dividenden verteilt hat. Jedenfalls wird man sagen müssen, daß sich die Erträgnisse der Gesellschaften bisher durchaus günstig gestaltet haben und die Gesellschaften sicher auch in den Stand gesetzt hätten, alle notwendigen Erweiterungen und Verbesserungen zu bewirken, ohne daß die Verzinsung des Kapitals, das nominell in den Unternehmen angelegt ist, unter die üblichen Erträgnisse sicher angelegter Gelder herabgedrückt worden wäre.

Wenn also die Gesellschaften trotzdem bei ihrer Forderung auf Erhöhung des Tarifes bestehen bleiben und diese Forderung auch noch jetzt damit begründen, daß bei dem bestehenden Tarife eine gesunde Weiterentwicklung ihrer Unternehmen nicht möglich sei, so folgt daraus, daß es ihnen nicht bloß darauf ankommt, eine angemessene Verzinsung des Kapitals zu erzielen, sondern darauf, daß die Dividenden von der einmal erreichten Höhe nicht wieder herabsinken. Der Grund ist leicht einzusehen. Jede Verminderung der Dividende, auch wenn sie noch so gering ist, bedeutet zugleich einen Rückgang des Aktienkurses, und der soll vermieden werden. Nur dann also sehen die Gesellschaften die Möglichkeit von Verbesserungen ihres Betriebes für gegeben an, wenn dadurch die Dividende überhaupt nicht beeinträchtigt wird, mag diese an sich so hoch sein wie sie will.

Daraus folgt nun aber zugleich, daß es der Stadt Leipzig auch in der Folgezeit schwerlich gelingen wird, von den Straßenbahngesellschaften die Verbesserungen zu erreichen, die sie im Interesse der Allgemeinheit etwa für notwendig halten sollte, denn es ist ja natürlich ausgeschlossen, daß solche Verbesserungen immer ohne Beeinträchtigung des Erträgnisses des Unternehmens durchführbar sind. Im Gegenteil wird es oft vorkommen, daß die Mehreinnahmen, die aus einer Verbesserung fließen, zunächst geringer sind als die Mehrausgaben, die sie verursacht. Es können auch Verbesserungen in Frage kommen, die überhaupt nur Mehrausgaben zur Folge haben. Dazu werden sich die Gesellschaften in Zukunft ebensowenig herbeilassen, wie sie das bisher getan haben. Zu Erweiterungen des Netzes, die sich wahrscheinlich vor allem als notwendig herausstellen werden, sind sie zudem nach den Verträgen überhaupt nicht mehr verpflichtet, da, wie schon erwähnt wurde, eine solche Verpflichtung nur innerhalb der ersten 10 Jahre seit der Betriebseröffnung bestand.

Es fragt sich nun weiter, ob die Recht hatten, die für die Privaterwerbsgesellschaften stimmten, weil sie annahmen, daß dabei die Stadtgemeinde finanziell besser stehen werde als bei eigener Regie. Es ist da zunächst ohne weiteres zuzugeben, daß die Stadt nach den jetzigen Vertragsbestimmungen weit größere Vorteile von den Straßenbahnen zieht, als das früher der Fall war. Es wurde schon erwähnt, daß die Pferdebahngesellschaft im Jahre 1894 an die Stadtgemeinde etwas über 14 000 Mk. als Abgabe und rund 22 300 Mk. für die Straßenreinigung bezahlt hat.

Die neuen Gesellschaften hatten dagegen zu leisten:

Jahr	Abgabe Mk.	Asphalt-, Pflaster- und Makadam-unterhaltung Mk.	Bahn-reinigung Mk.	Schnee-abfuhr Mk.	Neu-pflasterung Mk.	Zusammen Mk.
			Die Große Leipziger Straßenbahn:			
1896	18 545,50	31 045,59	26 245,19	545,49	109 105,94	185 487,71
1897	18 545,50	69 427,11	60 952,77	7 467,21	222 874,85	379 267,44
1898	18 545,50	59 381,46	63 952,07	1 069,91	239 444,50	382 393,44
1899	63 715,80	47 471,48	68 495,07	5 392,90	269 642,30	454 717,55
1900	83 952,14	56 108,41	70 951,89	8 876,26	162 677,19	382 565,89
1901	84 030,46	64 948,49	73 526,59	15 410,02	279 223,86	517 139,42
1902	84 839,48	63 032,95	76 416,95	9 723,85	176 469,20	410 482,43
1903	91 132,80	74 278,94	74 367,54		188 468,61	428 247,89
1904	129 983,26	83 608,60	75 917,65		184 897,37	474 406,88
1905	153 410,11	?	?		?	489 886,89
1906	165 727,99	?	?		?	501 658,71
1907	177 918,38	?	?		?	473 850,57
			Die Leipziger Elektrische Straßenbahn:			
1896	?	917,67	8 699,36		655 694,00	907 553,30
1897	?	34 092,52	28 832,87			
1898	?	38 917,78	34 732,31			
1899	19 923,17	42 457,16	43 286,46			
1900	33 584,52	59 778,45	45 875,34		50 105,80	189 344,11
1901	33 315,77	76 076,56	53 996,80		72 923,57	236 312,70
1902	33 188,16	73 562,36	48 663,78		64 704,85	220 119,15
1903	35 856,19	65 653,75	43 044,82		78 593,26	223 148,02
1904	50 664,64	82 573,97	47 422,04		93 868,35	274 529,00
1905	62 608,36	79 972,92	47 524,56		83 476,23	273 582,07
1906	66 957,24	83 969,30	49 135,79		54 698,64	254 760,97
1907	74 865,57	89 960,07	53 255,71		115 604,60	333 685,95
1908	80 311,54	70 791,06	44 646,85		45 828,16	241 577,61

Hierzu kommt weiter, daß beide Gesellschaften verpflichtet sind, auf den Vorderperrons der Wagen zwei uniformierten Beamten der Stadt (Schutzleuten, Ratsdienern usw.) freie Fahrt zu gewähren und daß sie außerdem dem Rate für dienstliche Zwecke eine große Anzahl Freikarten zur Verfügung stellen müssen. Jede Gesellschaft gewährt darnach jährlich etwa 200 für alle Strecken geltende Freikarten und außerdem ebenso viele Karten für bestimmte Strecken. Den Wert dieser Freikarten hat die Große Leipziger Straßenbahn für ihr Unternehmen gelegentlich auf 70 000 Mk. geschätzt. Es ist zweifellos nicht zu hoch gerechnet, wenn man diese, in Freifahrten bestehende Abgabe der Gesellschaften für jede auf 100 000 Mk. jährlich schätzt. Genaue Berechnungen darüber sind nicht vorhanden, sie sind auch kaum möglich.

Die Einnahmen der Stadt von der Straßenbahn haben sich also gegen früher ganz beträchtlich erhöht, und doch ist nicht zu bezweifeln, daß die Stadt noch wesentlich höhere Erträge aus den Bahnen ziehen würde, wenn sie sie in eigener Regie hätte. Die folgenden Betrachtungen sollen das näher dartun.

Die wirtschaftlichen Verhältnisse der beiden Leipziger Straßenbahngesellschaften gestalteten sich seit dem Jahre 1897 wie auf Seite 148 angegeben.

Es ist anzunehmen, daß die Stadt, wenn sie von vornherein eigene Regie eingeführt hätte, ein so großes Kapital, wie es jetzt in den beiden Straßenbahnunternehmungen investiert ist, nicht aufzuwenden gehabt hätte, wenigstens nicht für die Anlage wie sie jetzt steht. Denn wahrscheinlich hätte dann die Stadt zunächst die Pferdebahngesellschaft angekauft, und zwar sicher nicht zu ungünstigeren Bedingungen als sie von der Großen Leipziger Straßenbahn gekauft worden ist, da sich die Pferdebahngesellschaft ja der Stadt gegenüber in derselben Zwangslage befunden hätte, in der sie sich der drohenden Privatkonkurrenz gegenüber befand. Dann aber wäre selbstverständlich die Möglichkeit gegeben gewesen, ein Straßenbahnnetz nach einem einheitlichen Plane für die ganze Stadt zu entwerfen. Daß dieses Netz aber, bei dem reine Konkurrenzlinien selbstverständlich vermieden worden wären, weniger Kosten verursacht hätte, bedarf keines weiteren Beweises.

Es kommt hinzu, daß man bei der Anlage der Kraftstationen hätte rationeller verfahren können und daß natürlich von vornherein auch weniger rollendes Material notwendig gewesen wäre.

Aber es sei einmal angenommen, daß die Stadt dasselbe Kapital hätte aufzuwenden gehabt, was die Gesellschaften in ihren Betrieben angelegt haben, es sei weiter auch angenommen, was bekanntlich durch Erfahrungen auf verschiedenen Gebieten als widerlegt gelten kann, daß eine Gemeinde im allgemeinen teuerer wirtschaftet, als ein Privatunternehmer. Trotzdem zeigen die folgenden Zusammenstellungen über die mutmaßliche wirtschaftliche Entwicklung der Straßenbahnen in der Hand der Stadt, daß die Stadt ein Risiko mit den Bahnen nicht übernommen hätte.

Zu den Tabellen ist noch zu bemerken: Es ist angenommen, daß sich die Betriebsergebnisse bei eigener Regie ebenso gestaltet haben würden, wie das beim Gesellschaftsbetriebe der Fall gewesen ist. Nur um der Auffassung Rechnung zu tragen, daß die Gemeinde teuerer wirtschaftet als die Privatgesellschaften, sind die Beträge, die die Gesellschaften nach den gesetz-

Große Leipziger Straßenbahn.

Jahr	Aktien-kapital Mk.	Obligationen Mk.	Einnahmen Mk.	Ausgaben			Rein-gewinn Mk.	Gewinnverteilung			
				Betrieb Mk.	Zinsen Mk.	Ab-schreibungen Mk.		Reserve-fonds Mk.	Amorti-sations-fonds Mk.	Tantiemen Mk.	Dividenden Mk.
1897	6 000 000	10 000 000	3 633 945	2 055 197	409 048	434 976	734 724	36 134	168 225	25 916	480 000
1898	7 025 000	10 000 000	3 639 858	2 075 572	421 439	433 574	709 273	—	168 225	26 579	480 000
1899	8 000 000	10 000 000	4 089 579	2 285 812	410 375	434 537	903 191	—	190 000	34 936	640 000
1900	10 000 000	10 000 000	4 299 768	2 526 866	409 287	436 335	911 516	—	190 000	55 000	630 000
1901	10 000 000	10 000 000	4 275 535	2 585 558	412 064	463 371	814 541	—	190 000	42 266	550 000
1902	10 000 000	10 000 000	4 278 110	2 556 560	412 502	484 082	824 964	2 424	190 000	41 666	550 000
1903	10 000 000	9 857 000	4 695 941	2 584 872	513 703	587 377	814 268	—	195 720	58 839	700 000
1904	10 000 000	9 708 000	4 942 613	2 773 027	495 561	615 513	855 033	—	201 680	64 360	750 000
1905	10 000 000	9 553 000	5 246 069	2 900 492	496 383	640 943	993 356	—	214 130	88 468	[illegible]50 000
1906	10 000 000	9 393 000	5 669 686	3 192 072	498 350	676 548	1 063 907	—	230 530	97 381	900 000
1907	12 000 000	9 225 000	6 138 852	3 454 040	505 628	669 825	1 209 322	—	244 000	117 979	990 000
1908	12 000 000	9 051 000	6 222 280	3 545 773	377 271	668 607	1 350 627	—	280 000	131 828	1 140 000

Leipziger Elektrische Straßenbahn.

Jahr	Aktien-kapital Mk.	Obligationen Mk.	Einnahmen Mk.	Ausgaben			Rein-gewinn Mk.	Gewinnverteilung			
				Betrieb Mk.	Zinsen Mk.	Ab-schreibungen Mk.		Reserve-fonds Mk.	Amorti-sations-fonds Mk.	Tantiemen Mk.	Dividenden Mk.
1897	6 250 000	3 000 000	1 055 071	620 937	—	108 656	325 487	13 899	47 500	13 117	250 000
1898	6 250 000	3 000 000	1 341 831	772 200	83 158	154 849	331 534	14 027	51 000	13 277	250 000
1899	6 250 000	4 000 000	1 578 297	928 496	148 168	170 987	330 648	13 982	51 000	13 122	250 000
1900	6 250 000	4 000 000	1 696 630	1 092 211	160 924	180 484	263 009	10 223	56 000	6 000	187 500
1901	6 250 000	4 000 000	1 686 022	1 104 932	186 851	192 873	201 365	6 853	61 000	6 000	125 000
1902	6 250 000	3 945 000	1 678 733	1 059 946	190 888	199 435	228 464	6 998	86 000	6 000	125 000
1903	6 250 000	3 888 000	1 813 756	1 063 617	188 209	225 936	335 995	11 751	96 500	6 000	218 750
1904	6 250 000	3 828 500	1 946 432	1 148 533	189 623	267 753	340 523	12 051	96 500	6 000	218 750
1905	6 250 000	3 766 500	2 112 719	1 272 070	193 366	273 228	374 055	13 342	100 000	6 000	250 000
1906	6 250 000	3 702 500	2 256 316	1 373 739	196 086	302 072	379 419	13 735	100 000	6 000	250 000
1907	6 250 000	3 635 500	2 519 836	1 533 173	203 066	342 839	435 666	15 699	115 000	10 900	281 250
1908	6 250 000	3 566 000	2 705 320	1 621 429	208 622	413 914	461 354	16 677	115 000	13 372	312 500

lichen Bestimmungen dem Reservefonds zugeführt haben und die als Tantieme verteilt worden sind, ohne weiteres den Betriebsausgaben zugezählt worden, obwohl die Gemeinde diese Ausgaben natürlich erspart hätte.

Da diese Summen nicht unbeträchtlich sind, so wird zugegeben werden müssen, daß die Stadt noch teuerer schwerlich gewirtschaftet hätte, zumal sie ja zweifellos auch sonst noch beträchtliche Ersparnisse gegenüber den Gesellschaften erzielt hätte. Denn bei einheitlicher Verwaltung wäre natürlich der Betrieb in vieler Beziehung rationeller zu gestalten gewesen. Die Betriebsmittel z. B. hätten sich besser ausnutzen lassen, es wäre weniger Personal notwendig gewesen usw. Um nur auf eins hinzuweisen, sei bemerkt, daß die Stadt nicht vier Direktoren angestellt haben würde, wie das jetzt der Fall ist.

Die Zuweisungen zum Amortisationsfonds waren dagegen dem Reingewinn zuzurechnen, denn diese Fonds sammeln die Gesellschaften nur deshalb an, weil ihre Anlagen nach Ablauf der Konzessionsdauer zum größten Teil unentgeltlich an die Stadt fallen, für die Gesellschaft also wertlos sind.

Im übrigen ist angenommen, daß sich die Stadt, wie das ja auch geschehen sein würde, das nötige Kapital durch eine Anleihe verschafft haben würde und daß diese Anleihe mit 4 % zu verzinsen gewesen wäre. Endlich sind als Abschreibungsquoten 4 % des gesamten Anlagekapitals eingesetzt worden, obwohl kaum anzunehmen ist, daß die Stadt so hohe Abschreibungen vorgenommen haben würde, da, wie ein Blick auf die Zusammenstellungen der Geschäftsergebnisse der Gesellschaften zeigt, die Abschreibungen, die sie vorgenommen haben, völlig genügend gewesen sind.

Seit dem Jahre 1900, dem Jahre, in dem die Leipziger Elektrische Straßenbahn zum erstenmal auf die gesamte Obligationenschuld Zinsen aufzubringen hatte, würden sich darnach die Ergebnisse der Straßenbahnen in städtischer Regie etwa wie folgt gestaltet haben:

Jahr	Anlagekapital Mk.	Einnahmen Mk.	Ausgaben		Gewinn Mk.
			Betrieb Mk.	Verzinsung u. Abschreibung Mk.	
		Große Leipziger Straßenbahn:			
1900	20 000 000	4 299 768	2 581 866	1 600 000	117 902
1901	20 000 000	4 275 535	2 627 824	1 600 000	47 711
1902	20 000 000	4 278 110	2 600 650	1 600 000	77 460
1903	20 000 000	4 695 941	2 643 711	1 600 000	452 230
1904	20 000 000	4 942 613	2 837 387	1 600 000	505 226
1905	20 000 000	5 246 069	2 988 960	1 600 000	657 109
1906	20 000 000	5 669 686	3 289 453	1 600 000	780 233
1907	22 000 000[1]	6 138 852	3 572 019	1 680 000	886 833
1908	22 000 000	6 222 280	3 677 601	1 760 000	784 679

[1] 2000000 Mk. vom 1. Juli 1907 an.

Jahr	Anlage-kapital Mk.	Einnahmen Mk.	Ausgaben Betrieb Mk.	Ausgaben Verzinsung u. Abschreibung Mk.	Gewinn (+) oder Verlust (—) Mk.
			Leipziger Elektrische Straßenbahn:		
1900	10 250 000	1 696 630	1 108 434	820 000	— 231 804
1901	10 250 000	1 686 022	1 117 785	820 000	— 251 763
1902	10 250 000	1 678 733	1 072 944	820 000	— 214 211
1903	10 250 000	1 813 756	1 081 368	820 000	— 87 612
1904	10 250 000	1 946 432	1 166 584	820 000	— 40 152
1905	10 250 000	2 112 719	1 291 412	820 000	+ 1 307
1906	10 250 000	2 256 316	1 393 474	820 000	+ 42 842
1907	10 250 000	2 519 836	1 559 772	820 000	+ 140 064
1908	10 250 000	2 705 320	1 651 478	820 000	+ 233 842
			Beide zusammen:		
1900	30 250 000	5 996 398	3 690 300	2 420 000	— 113 902
1901	30 250 000	5 961 557	3 745 609	2 420 000	— 204 052
1902	30 250 000	5 956 843	3 673 594	2 420 000	— 136 751
1903	30 250 000	6 509 697	3 725 079	2 420 000	+ 364 618
1904	30 250 000	6 889 045	4 003 971	2 420 000	+ 465 074
1905	30 250 000	7 358 788	4 280 372	2 420 000	+ 658 416
1906	30 250 000	7 926 002	4 682 927	2 420 000	+ 823 075
1907	32 250 000[1]	8 658 688	5 131 791	2 500 000	+ 1 026 897
1908	32 250 000	8 927 600	5 329 079	2 580 000	+ 1 018 521

[1] 2000000 Mk. vom 1. Juli 1907 an.

Auch bei dieser zweifellos übertrieben vorsichtigen Rechnung ergibt sich also für die Stadt noch ein beträchtlicher Gewinn. Es kann aber keinem Zweifel unterliegen, daß tatsächlich das Ergebnis für die Stadt viel günstiger gewesen sein würde. Auch in finanzieller Beziehung ist mithin die Konzessionierung der Privaterwerbsgesellschaften für die Stadt nicht günstig gewesen. Es sind ihr beträchtliche Einnahmen entgangen, und dieser Verlust wird sich, wie nicht zu bezweifeln ist, in Zukunft noch bedeutend mehren, da nun beide Gesellschaften mit ständig wachsenden Gewinnen rechnen können, weil sie irgend welche Erweiterungen des Netzes nicht mehr vorzunehmen brauchen.

Dazu kommt nun aber noch als weiterer und vielleicht als der schwerwiegendste Nachteil für die Stadt der, daß ihr durch die Konzessionierung die Hände in Straßenbahnangelegenheiten fast völlig gebunden sind.

Es wurde schon erwähnt, daß sich seit geraumer Zeit das Bedürfnis nach einer neuen Straßenbahnlinie herausgestellt hat, daß aber die Gesellschaften den Bau abgelehnt haben. Irgend welche Zwangsmittel stehen der

Stadt nun nicht mehr zu Verfügung. Abgesehen davon werden sich in nicht zu langer Zeit weitere Bedürfnisse nach neuen Straßenbahnlinien herausstellen, denn es steht die Aufschließung weiteren Baugeländes in der Stadt bevor, dem es an ausreichender Straßenbahnverbindung nach dem Innern der Stadt fehlen wird. Selbstverständlich werden die Gesellschaften auch diese Linien unter den alten Bedingungen nicht bauen, von ihrem Standpunkt aus betrachtet, mit Recht, da sie ja bei der kurzen Konzessionsdauer ganz außerordentlich stark amortisieren müßten und ihnen deshalb die neuen Linien das gesamte Ergebnis des Betriebes schmälern würden. Sie werden, was sie tatsächlich auch schon erklärt haben, neue Linien nur dann bauen wollen, wenn dafür höhere Tarife, geringere Abgaben an die Stadt und längere Konzessionsfristen festgesetzt werden. Und da die Stadt mit diesen an sich nur geringen und deshalb für sich unrentablen Anhängseln an die bestehenden Netze nur Verluste erleiden müßte, wenn sie sie selbst bauen und betreiben wollte, so kann sie wohl in die Lage kommen, auf die Bedingungen der Gesellschaften eingehen zu müssen. Wie unerwünscht das nach den bisherigen Erfahrungen sein muß, bedarf keiner weiteren Ausführung.

Nun steht ja allerdings, und das wurde, wie erwähnt, seinerzeit bei den Stadtverordnetenverhandlungen als ein besonders günstiges Moment hervorgehoben, der Stadt das Recht zu, die beiden Straßenbahnen oder auch eine von ihnen im Jahre 1916 zu übernehmen. Aber es steht noch sehr dahin, ob die Stadt Leipzig sich zu dieser Übernahme entschließen wird, denn die Übernahmebedingungen sind für sie wenig günstig.

Die Stadt wird einmal für die Straßenbahnen einen Taxwert zu zahlen haben, der durch Sachverständige zu ermitteln sein wird und der den wirklichen Wert der gesamten Anlage als eines zusammenhängenden betriebsfähigen Werkes ohne Berücksichtigung der Rentabilität oder des Ertragswertes darstellen soll.

Wie hoch diese Taxe ausfallen wird, darüber läßt sich bestimmtes natürlich nicht sagen. Nach den Bilanzen betrugen die Kosten der zu übernehmenden Anlagen am Ende des Jahres 1908 bei der Großen Leipziger Straßenbahn rund 26½ Millionen Mark und bei der Leipziger Elektrischen Straßenbahn rund 12½ Millionen Mark. Wenn man bedenkt, daß die Anlagen der Großen Leipziger Straßenbahn technisch in tadellosem Zustande sind, und daß neuerdings auch die Leipziger Elektrische Straßenbahn den Zustand ihrer Anlagen wesentlich verbessert und in jüngster Zeit insbesondere auch wesentliche Neuanschaffungen vorgenommen hat, so darf man annehmen, daß der Taxwert hinter dem Bilanzwert nicht viel zurückbleiben wird, daß er also 1916 mit den bis dahin zweifellos noch kommenden Zugängen 40 Millionen Mark sicher betragen wird. Außer dem Taxwerte wird die Stadt zu bezahlen haben den dreizehnfachen Wert des Reingewinnes, der sich nach dem Durchschnittsergebnisse der letzten fünf Jahre vor der Übernahme nach Abzug von $4^{1}/_{2}$% Zinsen des Einlagekapitals und nach Abzug der Betriebsausgaben, einschließlich der Abschreibungen von den Betriebseinnahmen ergibt. Diese sogenannte Superdividende hat betragen:

	bei der Großen Leipziger Straßenbahn	bei der Leipziger Elektrischen Straßenbahn
1908	570 000 Mk.	— —
1909	600 000 „	31 250 Mk.

Es ist selbstverständlich, daß beide Gesellschaften bestrebt sein werden, in den letzten fünf Jahren vor 1916 ihre Dividenden soweit zu erhöhen, als das irgend möglich sein wird. Dazu werden sie ohne jeden Zweifel imstande sein, da sich die Verkehrsverhältnisse nur günstiger gestalten können und da die Gesellschaften außerdem sicher die Möglichkeit haben, durch Änderungen des Abschreibungsmodus den Reingewinn zu erhöhen. Wenn man annimmt, daß die Große Leipziger Straßenbahn in den letzten fünf Jahren vor 1916 eine Dividende von durchschnittlich 11 % verteilen wird und die Leipziger Elektrische Straßenbahn eine solche von 6 %, so ist das keineswegs zu hoch gerechnet.

Die nach dem Vertrage im Jahre 1916 zu kapitalisierende Superdividende wird also betragen bei der Großen Leipziger Straßenbahn 780 000 Mk. und bei der Leipziger Elektrischen Straßenbahn 93 750 Mk. Das ergibt als außer dem Taxwert zu zahlende Beträge rund 11 Millionen Mark. Im ganzen wird die Stadt also im Jahre 1916 etwa 51 Millionen Mark für beide Straßenbahnen zu zahlen haben.

Da sich auch die Einnahmen bei der stetigen Fortentwicklung des Verkehrs zweifellos dauernd erhöhen werden, so ist es nicht ausgeschlossen, daß auch trotz dieses hohen Anlagekapitals die Stadt noch einen Überschuß erzielen könnte, aber es liegt auf der Hand, daß solche Überschüsse mindestens nicht wahrscheinlich sind, da die Stadt für den Finanzdienst der Straßenbahn ganz außerordentliche Summen aufzuwenden hätte.

Alles in allem ergibt sich mithin aus diesen Ausführungen, daß die Stadt Leipzig bedeutende Opfer wird bringen müssen bei der künftigen Lösung von Straßenbahnfragen, welchen Weg sie dabei auch einschlagen wird, und daß daran die Tatsache schuld ist, daß man seinerzeit die Straßenbahnen an private Unternehmer überließ, statt sie in eigene Regie zu übernehmen.

Zum Schluß seien noch einige Tabellen angeführt zur Veranschaulichung der Entwicklung des Verkehrs, den die Leipziger Straßenbahnen aufzuweisen hatten. Dabei muß noch vorher erwähnt werden, daß seit dem Jahre 1901 noch ein drittes privates Straßenbahnunternehmen in Leipzig besteht, die Leipziger Außenbahn-Aktiengesellschaft. Diese Gesellschaft ist eine Gründung der Großen Leipziger Straßenbahn. Es stellte sich nämlich das Bedürfnis nach Verlängerung einiger Linien der Großen Leipziger Straßenbahn nach den Vororten der Stadt heraus. Obwohl diese Verlängerungen zunächst nicht weiter über das Stadtweichbild herausgingen als einige der Linien des schon vorhandenen städtischen Netzes, entschloß sich doch die Große Leipziger Straßenbahn nicht dazu, auch diese Verlängerungen selbst zu bauen. Warum sie das nicht tat, ergibt sich aus den obigen Ausführungen mit. Hätte sie auch höhere Tarife für diese Linien zugestanden bekommen und hätte sie auch noch weitere Erleichterungen der Konzessionsbedingungen erreicht, so hätten doch diese naturgemäß wenig frequentierten Linien geringere Erträgnisse abgeworfen als die bestehenden, und das hätte die Dividenden und damit die Aktienkurse ungünstig beeinflussen können. Das war ausgeschlossen, wenn man eine neue Gesellschaft gründete und sich dabei als Aktionär beteiligte, wie es dann tatsächlich auch geschehen ist.

Die neuen Linien werden von der Großen Leipziger Straßenbahn mit betrieben; sie erhalten auch den Strom aus den Kraftwerken dieser Gesellschaft. Die Konzessionsdauer beträgt 50 Jahre, das Anfallsrecht steht nach Ablauf der Konzession dem Staate zu, soweit die Linien nicht innerhalb des Stadtgebietes liegen. Soweit sie durch Einverleibung etwa später in das Stadtgebiet kommen werden, hat der Staat auf sein Übernahmerecht zu Gunsten der Stadt verzichtet, falls er nicht bei der Einverleibung schon davon Gebrauch gemacht haben sollte.

Man sieht, daß auch dadurch die Leipziger Straßenbahnverhältnisse, insbesondere ihre weitere Regelung noch komplizierter geworden ist, und es darf angenommen werden, daß auch hier die Stadt vorteilhafter gefahren wäre, wenn sie von vornherein die Leipziger Straßenbahnen selbst gebaut und betrieben hätte. Auch die Außenbahnlinien wären dann wohl nicht privaten Unternehmern überlassen worden.

Die Verkehrsverhältnisse der Leipziger Straßenbahnen haben sich seit dem Bestehen der Leipziger Pferdebahn wie folgt gestaltet:

Jahr	Betriebslänge aller Linien zusammen km	Gleislänge aller Linien km	Zurückgelegte Wagen-kilometer	Beförderte Fahrgäste	Gesamt-einnahmen Mk.
			Leipziger Pferdebahn.		
1872	18,19	17,55	183 526	677 543	126 611
1875	18,19	17,55	518 821	2 090 294	405 648
1880	18,19	17,55	598 914	2 133 136	391 972
1885	33,08	29,00	2 295 221	8 472 529	1 127 376
1890	42,43	36,69	3 861 729	16 600 566	1 825 147
1895	46,53	39,50	4 836 353	21 242 891	2 302 877
			Große Leipziger Straßenbahn.		
1896	47,32	40,26	5 409 970	25 033 672	2 527 791
1897	70,49	44,53	9 180 980	37 036 135	3 539 628
1898	73,08	46,33	11 632 471	38 004 631	3 613 301
1899	83,25	52,90	12 972 711	42 182 543	3 989 510
1900	93,28	55,70	13 957 412	44 446 513	4 197 606
1901	101,37	56,01	14 115 086	44 792 284	4 201 523
1902	102,81	56,55	14 399 902	45 007 637	4 241 973
1903	102,61	57,29	14 505 546	48 720 933	4 556 640
1904	102,61	?	14 905 433	51 666 351	4 804 646
1905	102,61	?	15 987 067	54 010 838	5 113 670
1906	102,61	?	18 108 327	58 116 372	5 524 266
1907	102,80	?	18 429 186	62 540 844	5 930 613
			Leipziger Elektrische Straßenbahn.		
1896	40,40	27,96	1 688 539	5 384 476	521 490
1897	51,50	36,38	3 587 533	11 341 380	1 031 131
1898	60,64	49,56	5 316 383	14 914 916	1 324 069
1899	70,80	51,50	6 205 913	17 763 102	1 563 518
1900	65,75	52,64	6 688 583	19 121 895	1 679 226
1901	65,89	52,55	6 693 295	18 894 682	1 665 788
1902	70,32	52,64	6 555 257	18 160 928	1 659 408
1903	70,32	52,58	6 681 010	19 164 524	1 792 810
1904	71,61	87,97	7 174 504	20 700 537	1 924 031
1905	72,22	89,29	7 774 550	22 496 846	2 086 945
1906	74,32	91,47	8 328 443	23 592 367	2 231 908
1907	74,65	92,82	8 950 985	26 327 792	2 495 519
			Beide Bahnen zusammen.		
1896	87,72	68,22	7 098 509	30 418 148	3 049 281
1897	121,99	80,91	12 768 513	48 377 515	4 570 759
1898	133,72	95,89	16 948 854	52 919 547	4 937 370
1899	154,05	104,40	19 178 624	59 945 645	5 553 028
1900	159,03	108,34	20 645 995	63 568 408	5 876 832
1901	167,26	108,56	20 808 381	63 686 966	5 867 311
1902	173,13	109,19	20 955 159	63 168 565	5 901 381
1903	172,93	109,79	21 186 556	67 885 457	6 349 450
1904	174,22	?	22 079 937	72 366 888	6 728 677
1905	174,83	?	23 761 617	76 507 684	7 200 615
1906	176,93	?	26 436 770	81 708 739	7 756 174
1907	177,45	?	27 380 171	88 868 636	8 426 132

Jahr	Betriebslänge aller Linien zusammen km	Gleislänge aller Linien km	Zurückgelegte Wagen-kilometer	Beförderte Fahrgäste	Gesamt-einnahmen Mk.
			Leipziger Außenbahn.		
1900	1,36	1,36	2 114	13 043	1 010
1901	1,36	1,36	71 480	317 765	24 611
1902	5,40	5,40	212 751	774 978	74 854
1903	5,40	5,40	291 920	1 108 969	107 481
1904	5,40	5,40	291 199	1 192 310	115 382
1905	8,36	8,36	370 954	1 440 463	143 999
1906	8,36	8,50	447 004	1 675 477	170 249
1907	11,90	12,12	576 082	2 326 579	231 805